キラキラ☆おうちスタディブック

◉お勉強チェックシール　※学び終わったところにはろう

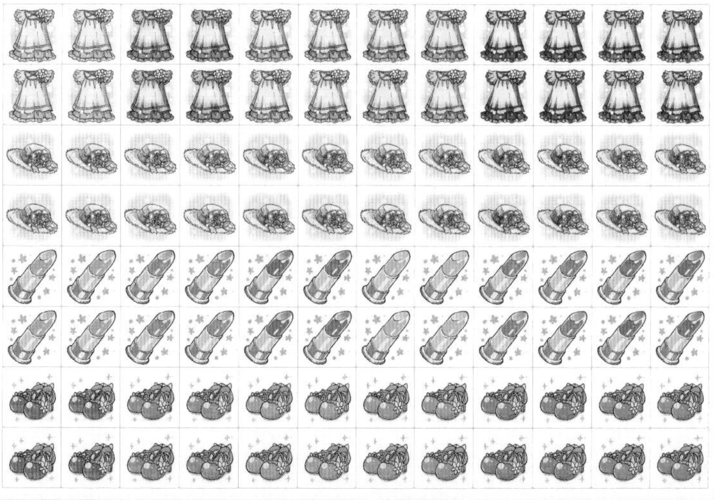

お勉強チェックシートの使い方

この本の最初には、学習の進みぐあいが確認(かくにん)できるお勉強チェックシートがついているの。お勉強チェックシートは、切りはなして使えるようになっているよ。

お勉強チェックシート

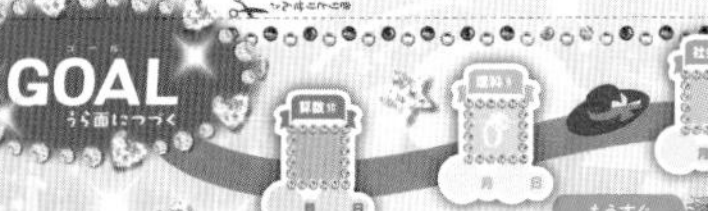

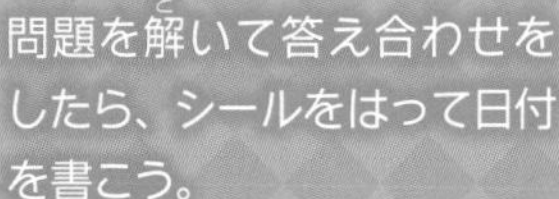

問題を解(と)いて答え合わせをしたら、シールをはって日付を書こう。

うら面にもあるよ。

教科によって色がちがうよ。

ここにシールをはってね。

教科の後ろについている番号は、単元番号を表しているよ。

ここに日付を書いてね。

ここから始まるよ！

「かわいい」が好きで勉強も楽しくやりたい小学生におくる!

新学習指導要領対応版

キラキラ☆おうちスタディブック 小6

★英語 ◆算数 ♣理科 ♠社会 ♥国語

TAC出版
TAC PUBLISHING Group

学習の進みぐあいが確認できちゃう！
お勉強チェックシート
※各教科の番号は本の単元を表しているよ。
問題が解けたら
シールをはって
日付を書こう♪
START
国語⑩ 月 日
社会⑩ 月 日
理科⑩ 月 日
英語⑤ 月 日
国語⑫ 月 日
算数⑫ 月 日
理科⑪ 月 日
社会⑪ 月 日
国語⑪ 月 日
算数⑪ 月 日
社会⑫ 月 日

START
問題が解けたら
シールをはって
日付を書こう♪
算数①
月 日
国語①
月 日
社会①
月 日
理科①
月 日
英語①
月 日
算数②
月 日
国語②
月 日
GOALめざして
がんばろうな。
社会②
月 日
理科②
月 日
月 日
月 日
月 日
学習の進みぐあいが確認できちゃう！
お勉強チェックシート
※各教科の番号は本の単元を表しているよ。

きりとりせん
GOAL
ゴール
うら面につづく
算数⑩
理科⑨
社会⑨
国語⑨
もうすぐ
折り返しだ！
国語⑧
社会⑧
理科⑧
英語④
算数⑨
算数⑧
がんばって
いるね。
理科⑦
社会⑦
国語⑦
算数⑦
英語③
理科⑥
月
日

きりとりせん♪
GOAL
チェックテスト
月 日
社会⑲
月 日
理科⑱
月 日
社会⑱
月 日
英語⑦
月 日
算数⑱
月 日
あと少し
がんばれ！
GOALが
見えてきたね。
算数⑰
月 日
国語⑰
月 日
社会⑰
月 日
理科⑰
月 日
理科⑯
ここまできて
すごいぞ。

理科⑫
算数⑬
英語⑥
国語⑬
社会⑬
理科⑬
算数⑭
国語⑭
社会⑭
理科⑭
算数⑮
国語⑮
社会⑮
理科⑮
算数⑯
国語⑯
社会⑯
月 日
どんどん
取り組もう！

理科⑤
月
日
算数⑥
月
日
国語⑥
月
日
社会⑥
月
日
月
日
その調子で
進めよう。
社会⑤
月
日
国語⑤
月
日
算数⑤
月
日
理科④
月
日
社会④
月
日
国語④
月
日
算数④
月
日
順調に
進んでいるかな？
英語②
月
日
理科③
社会③
算数③
国語③

登場人物紹介

弥生坂（やよいざか） れもん

ニックネーム＊レモン

聖ニコル学園に通う，
元気な女の子。
得意科目は国語と社会。

好きなもの＊アイドル（オタクです）

葉月（はづき） ルナ

ニックネーム＊ルナ

聖ニコル学園に通う，
少し天然（てんねん）な女の子。
得意科目は算数と理科。

好きなもの＊ブロック，プログラミング

聖ニコル学園の先生たち

聖ニコル学園の先生たちは，学校のそばの伝説の泉に落っこちちゃったせいで，いつもは動物のすがたなの。でも，ピンチになったら，人間のすがたになって助けてくれるよ。いっしょにがんばろうね！

英語：金子ウィリアム虹也 リアム先生

英語好き？
オレも大好き！

泉に落ちて…

特技　サーフィン
趣味　筋トレ

算数：村崎 カイト カイト先生

泉に落ちて…

楽しい算数の時間
のはじまりだ。

特技　プログラミング
趣味　映画をみること

理科：緑川（みどりかわ） 陸（りく） リク先生

理科の不思議を
学ぼう。オレと
いっしょに･･･。

泉に落ちて…

特技　料理
趣味　ハーブを育てること

社会：青柳（あおやぎ） 空太（そらた） ソラ先生

泉に落ちて…

オレ社会
好きなんだ！
なんでも聞いて！

特技　サッカー
趣味　焼肉屋さんめぐり

国語：赤羽（あかばね） 流星（りゅうせい） リュウ先生

国語の魅力（みりょく）を
ぼくが伝えるよ。

泉に落ちて…

特技　走ること
趣味　百人一首

この本の使い方（英語）

英語の授業は楽しめているかな？ この本では、イラストを使って場面を想像しながら英語を勉強できるよ！ 学校で勉強する内容の予習・復習にも役立つよ!!

1 おうちスタディのやり方

1 それぞれの単元で覚えてほしい英文を、イラストを使って説明するよ。先生やレモンちゃんたちが英語を使って話しているよ。

数字（1～10）

いくつほしいかを英語で言ってみよう。

Three, please.
「3つください。」

How many hamburgers?
（いくつのハンバーガー（がほしい）ですか？）

数字（1～10）

1，1の	one	2，2の	two
3，3の	three	4，4の	four
5，5の	five	6，6の	six
7，7の	seven	8，8の	eight
9，9の	nine	10，10の	ten

2 上のイラストの英文の＿＿＿にあてはめて使える英単語をしょうかいしているよ。

3 ①にでてきた英文を自分で書いてみよう。うすい色の文字をなぞって書いてね。

いくつのハンバーガー（がほしい）
3つください。
6つください。
これだけはおさえて！
＿＿＿, please.
「＿＿＿ください。」
＿＿＿には数字を入れるよ。
「数字」は英語でnumberと言うぞ。

4 これだけはおさえて！ では、なんと動物の先生がイケメン先生に姿を変えて登場!! 大切なポイントを念押ししてくれるよ。

2 プチ休けい

教科の勉強が終わったら、プチ休けいしようね。「へえーそうなんだ」っていう話題がのってるよ。

この本の使い方（算数・理科・社会・国語）

この本の特ちょうは、とにかくビジュアルが多いこと! イラスト、図表を使って、くわしく説明しているの。1冊に学年1年分の学習内容がギュッとつまっているので、6年生の総復習(そうふくしゅう)や中学入学準備に役立つよ!!

1 おうちスタディのやり方

3 ポイントをおさえたら、練習問題を解いてみよう! 練習問題もふきだしでヒントを出してるから、わからなかったら、ふきだしを読もうね。

1 まずは各単元のポイントを楽しい会話といっしょに確認しよう。

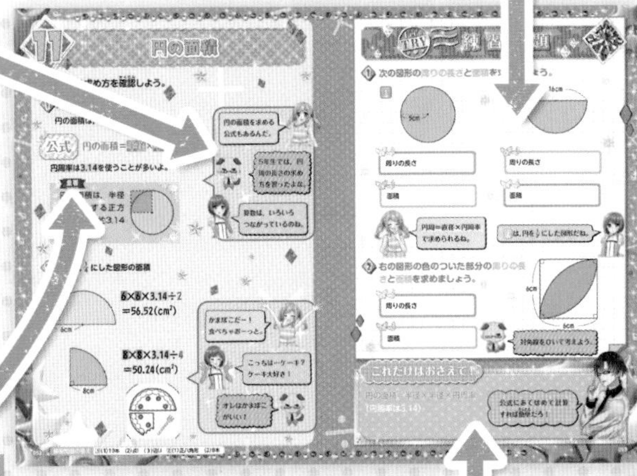

2 大切マーク、重要マーク、ポイントマークのところはきちんと理解しようね。

4 これだけはおさえて! では、なんと動物の先生がイケメン先生に姿を変えて登場!! 大切なポイントを念押ししてくれるよ。

2 ポイントまとめ

教科の最後には重要部分のポイントまとめがあるから、ちゃんと読んで理解しようね。

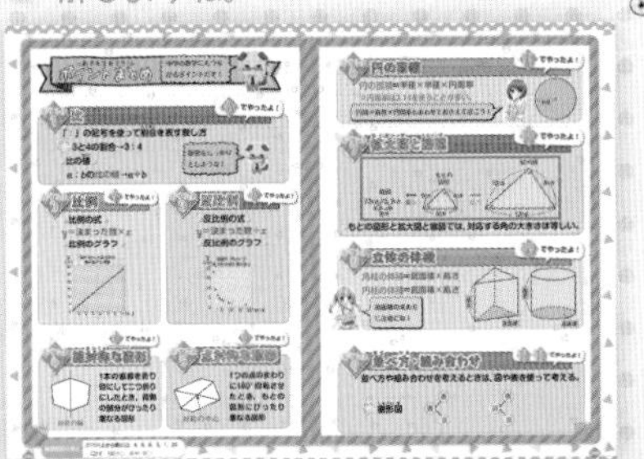

3 プチ休けい

教科の勉強が終わったら、プチ休けいしようね。「へえーそうなんだ」っていう話題がのってるよ。

CONTENTS もくじ

お勉強チェックシートの使い方 …002
登場人物紹介 …003
聖ニコル学園の先生たち …004
この本の使い方 …006

1 身のまわりのもの …014
2 教科 …016
3 楽器 …018
4 数字（1～10） …020
5 職業 …022
6 建物・しせつ …024
7 お手伝い …026
チェックテスト【英語】 …028
プチ休けい
―メイクでお・と・な☆― …030

2時間目 算数 Mathematics

1 分数と整数のかけ算・わり算 ……032
2 分数のかけ算 ……034
3 分数のわり算 ……036
4 分数のかけ算とわり算 ……038
5 文字と式 ……040
6 比 ……042
7 比例 ……044
8 反比例 ……046
9 線対称・点対称な図形 ……048
10 多角形と対称 ……050
11 円の面積 ……052
12 拡大図と縮図 ……054
13 立体の体積 ……056
14 およその形 ……058
15 並べ方 ……060
16 組み合わせ ……062
17 資料の調べ方（1） ……064
18 資料の調べ方（2） ……066

\\おさえておこう！//
ポイントまとめ ……068
チェックテスト【算数】 ……070
プチ休けい
― ミルクティーでひと休み☆ ― ……072

3時間目 理科 Science

1 ものの燃え方① ……074
2 ものの燃え方② ……076
3 植物のからだのはたらき① ……078
4 植物のからだのはたらき② ……080
5 動物のからだのはたらき① ……082
6 動物のからだのはたらき② ……084
7 生き物どうしのつながり ……086
8 月と太陽① ……088
9 月と太陽② ……090
10 水よう液の性質① ……092
11 水よう液の性質② ……094
12 大地のつくりと変化① ……096
13 大地のつくりと変化② ……098
14 てこのはたらき① ……100
15 てこのはたらき② ……102
16 発電と電気の利用① ……104
17 発電と電気の利用② ……106
18 地球環境 ……108

\\おさえておこう！//
ポイントまとめ ……110
チェックテスト【理科】 ……112
プチ休けい
— ムラサキキャベツのまほう — ……114

4時間目 社会 Social Studies

1 わたしたちと日本国憲法 ……116

2 国の政治 ……118

3 三権分立 ……120

4 わたしたちの住む町の政治 ……122

5 縄文時代と弥生時代のくらし ……124

6 天皇中心の国づくり ……126

7 貴族のくらし ……128

8 武士の世の中へ ……130

9 今に伝わる室町文化 ……132

10 3人の武将と天下統一 ……134

11 江戸幕府と政治の安定 ……136

12 町人の文化と新しい学問 ……138

13 明治時代の国づくり ……140

14 自由民権運動と国会開設 ……142

15 世界に歩み出した日本 ……144

16 アジアから太平洋に広がる戦争 ……146

17 新しい日本へ ……148

18 日本と関わりのある国々 ……150

19 世界の人々とともに生きる ……152

＼おさえておこう！／

ポイントまとめ ……154

チェックテスト【社会】 ……156

プチ休けい ―いつの時代もおしゃれが好き！― ……158

Japanese

※国語は196ページからはじまるよ!

1 ひらがな・カタカナの成り立ち ……195
2 形の似た漢字① ……193
3 和語・漢語・外来語・複合語 ……191
4 身近な漢字① ……189
5 敬語 ……187
6 まちがえやすい漢字① …185
7 文章の読みとり(物語) …183
8 形の似た漢字② ……181
9 文章の読みとり(説明文) ……179
10 身近な漢字② ……177
11 漢文に親しむ ……175
12 まちがえやすい漢字② …173
13 古文に親しむ ……171
14 形の似た漢字③ ……169
15 文章の読みとり(会話文) ……167
16 身近な漢字③ ……165
17 熟語 ……163
チェックテスト【国語】 ……161
プチ休けい ―どきどき♡イケメン作家― ……159

チェックテストの答えと解説 ……197～200

ほら，おいで。
いっしょに英語の
勉強をしよう。

1 身のまわりのもの

ほしいものを英語で言ってみよう。

アイ ワント ア ニュー バイスィクル
I want a new bicycle.
「新しい自転車がほしいな。」

身のまわりのもの

バイスィクル
bicycle 「自転車」

キャップ
cap 「ぼうし」

ペンスル
pencil 「えん筆」

アンブレラ
umbrella 「かさ」

書いてみよう

それぞれの英語を自分で書いてみよう。

(1) わたしは新しい自転車がほしいです。

I want a new bicycle.

(2) わたしは新しいぼうしがほしいです。

I want a new cap.

(3) わたしは新しいえん筆がほしいです。

★「えん筆」は英語で何と言うかな？

I want a new ＿＿＿.

これだけはおさえて！

I want a new ＿＿＿.

「わたしは新しい ＿＿＿ がほしいです。」

▷ ＿＿＿ にはほしいものを表すことばを入れるよ。

オレは新しいシャツ(shirt)がほしいぜ。

2 教科

どんな教科を勉強するかを英語で言ってみよう。

アイ スタディ イングリッシ
I study English .
「わたしは英語を勉強するわ。」
ABC

いろいろな教科

イングリッシ
English「英語」

ABC

チァパニーズ
Japanese「国語」

国語

マァス
math「算数」

サイエンス
science「理科」

書いてみよう

それぞれの英語を自分で書いてみよう。

(1) わたしは英語を勉強します。

I study English.

(2) わたしは国語を勉強します。

I study Japanese.

(3) わたしは算数を勉強します。

★「算数」は英語で何と言うかな？

I study

これだけはおさえて！

「教科」は英語でsubject（サブジェクト）と言うぞ。

I study（アイ スタディ）  .

「わたしは ＿＿ を勉強します。」

 には教科の名前を入れるよ。

3 楽器

どんな楽器を演奏（えんそう）するかを英語で言ってみよう。

アイプレイ ザ ギター
I play the guitar .
「オレはギターを演奏するぜ。」

いろいろな楽器

ギター
guitar 「ギター」

リコーダ
recorder 「リコーダー」

ピアノウ
piano 「ピアノ」

ヴァイオリン
violin 「バイオリン」

書いてみよう

それぞれの英語を自分で書いてみよう。

(1) わたしはギターを演奏します。

I play the guitar.

(2) わたしはリコーダーを演奏します。

I play the recorder.

(3) わたしはピアノを演奏します。

★「ピアノ」は英語で何と言うかな？

I play the

これだけはおさえて！

きみはどんな楽器をひけるかな。

I play the ＿＿＿＿.
（アイ プレイ ザ）

「わたしは＿＿＿＿を演奏します。」

▷ ＿＿＿＿ には楽器の名前を入れるよ。

4 数字（1～10）

いくつほしいかを英語で言ってみよう。

1
2
3
スリー　プリーズ
Three, please.
「3つください。」
ハウ　メニ　ハァンバ～ガズ
How many hamburgers?
「いくつのハンバーガー（がほしい）ですか？」

数字（1～10）

1，1の	ワン **one**	2，2の	トゥー **two**
3，3の	スリー **three**	4，4の	フォーア **four**
5，5の	ファイヴ **five**	6，6の	スィックス **six**
7，7の	セヴン **seven**	8，8の	エイト **eight**
9，9の	ナイン **nine**	10，10の	テン **ten**

書いてみよう

★ それぞれの英語を自分で書いてみよう。

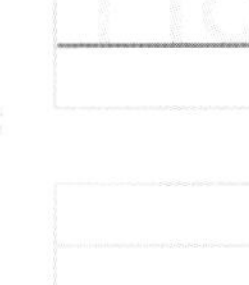

(1) いくつのハンバーガー（がほしい）ですか？

How many hamburgers?

(2) 3つください。

Three, please.

(3) 6つください。

★「6」は英語で何と言うかな？

please.

これだけはおさえて！

「数字」は英語でnumber（ナンバ）と言うぞ。

□, please.（プリーズ）

「□ください。」

▶ □には数字を入れるよ。

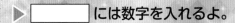

5 職業

将来何になりたいかを英語で言ってみよう。

(ホ)ワットドゥー ユー ワント トゥービー
What do you want to be?
「きみは何になりたい？」
アイ ワント トゥービーア フロ(ー)リスト
I want to be a florist.
「わたしはお花屋さんになりたいわ。」

いろいろな職業

フロ(ー)リスト
florist 「花屋さん」

アストゥロノート
astronaut 「宇宙飛行士」

ダクタ
doctor 「医者」

ナ～ス
nurse 「看護師」

書いてみよう

それぞれの英語を自分で書いてみよう。

(1) あなたは何になりたいですか。

What do you want to be?

(2) わたしは花屋さんになりたいです。

I want to be a florist.

(3) わたしは宇宙飛行士になりたいです。　★「宇宙飛行士」は英語で何と言うかな？

I want to be an ＿＿＿＿ .

これだけはおさえて！

「ア，イ，ウ，エ，オ」の読み方ではじまる単語の前にはan(アン)をつけるぞ。

アイ ワント トゥー ビー ア アン

I want to be a[an] ＿＿＿＿.

「わたしは＿＿＿＿になりたいです。」

▷ ＿＿＿＿ には職業を表すことばを入れるよ。

6 建物・しせつ

どこに行ったかを英語で言ってみよう。

○×書店
アイ ウェントゥァ ブックストーア
I went to a bookstore .
「わたしは書店に行ったわよ。」

いろいろな建物・しせつ

ブックストーア
bookstore 「書店」

ハスピトゥル
hospital 「病院」

アクウェアリアム
aquarium 「水族館」

スーパマーケット
supermarket 「スーパー(マーケット)」

書いてみよう

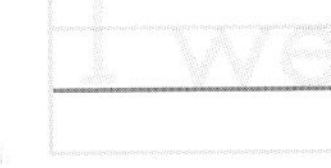

それぞれの英語を自分で書いてみよう。

(1) わたしは書店に行きました。

I went to a bookstore.

(2) わたしは水族館に行きました。

I went to an aquarium.

(3) わたしはスーパーに行きました。　★「スーパー」は英語で何と言うかな？

I went to a ＿＿＿＿.

これだけはおさえて！

オレは公園(park)に行ったぜ。
毎朝ランニングをしているんだ。

I went to a[an] ＿＿＿＿.
（アイ ウェントゥ ア アン）

「わたしは＿＿＿＿に行きました。」

▷＿＿＿＿には建物やしせつの名前を入れるよ。

7 お手伝い

ふだんどんなお手伝いをするかを英語で言ってみよう。

アイ ユージュアリ クリーン ザ ルーム
I usually clean the room.
「わたしはふだん部屋を掃除(そうじ)します。」

いろいろなお手伝い

クリーン ザ ルーム
clean the room 「部屋を掃除する」

ゲット ザ ニューズペイパ
get the newspaper 「新聞を取る」

POST

テイク アウトザ ガーベッヂ
take out the garbage 「ごみを出す」

ワッシ ザ ディッシズ
wash the dishes 「お皿を洗う」

書いてみよう

それぞれの英語を自分で書いてみよう。

(1) わたしはふだん部屋を掃除します。

I usually clean the room.

(2) わたしはふだん新聞を取ってきます。

I usually get the newspaper.

(3) わたしはふだんごみを出します。　★「ごみを出す」は英語で何と言うかな？

I usually ＿＿＿＿.

これだけはおさえて！

毎日お手伝いしているなんてエライな！

I usually ＿＿＿＿.
（アイ　ユージュアリ）

「わたしはふだん＿＿＿＿。」

▷ ＿＿＿＿にはお手伝いを表すことばを入れるよ。

チェックテスト【英語】

⇒答えと解説は P.198

1 絵に合う単語を英語で書きましょう。

□ (1) 復習P014

□ (2) 復習P018

□ (3) 復習P014

2 それぞれのハートが何個あるか英語で書きましょう。

復習P020

□ (1)

□ (2)

□ (3)

3 日本語に合う英文になるように，＿＿＿にあてはまる単語を書きましょう。

□ (1) わたしは理科を勉強します。 復習P016

I study ＿＿＿＿＿＿＿＿.

□ (2) わたしは看護師(かんごし)になりたいです。 復習P022

I want to be a ＿＿＿＿＿＿＿＿.

□ (3) わたしは病院に行きました。 復習P024

I went to a ＿＿＿＿＿＿＿＿.

□ (4) わたしは新しいかさがほしいです。 復習P014

I want a new ＿＿＿＿＿＿＿＿.

4 日本語に合う英文になるように，（　）の中のことばをならべかえて＿＿＿に書きましょう。

□ (1) わたしはふだんお皿を洗います。 復習P026

I usually (dishes / the / wash / .)

I usually ＿＿＿＿＿＿＿＿＿＿＿＿＿＿＿＿

□ (2) わたしはバイオリンを演奏(えんそう)します。 復習P018

(violin / I / play / the /.)

＿＿＿＿＿＿＿＿＿＿＿＿＿＿＿＿＿＿＿＿

英文を書くときは文の最後に
.（ピリオド）をつけるぞ。

プチ休けい

メイクで お・と・な★

勉強も恋も
一生けん命な
女の子は
すてきだな♪

mascara（マァスケラ）

マスカラ

鏡

mirror（ミラ）

nail polish（ネイル パリッシ）

マニキュア

口紅（くちべに）
lipstick（リップスティック）

eye shadow（アイ シァドウ）

アイシャドウ

もっともっと
かわいくなりたい♪

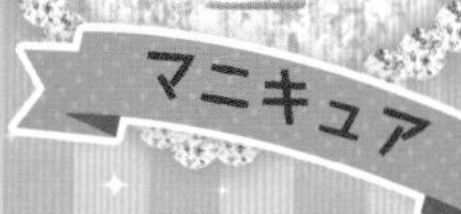

blush（ブラッシ）

チーク

2
時間目
算数
Mathematics

「算数がスキ♡」と
言わせるぞ！
オレについてきて！！

分数と整数のかけ算・わり算

分数と整数のかけ算・わり算のしかたを考えよう。

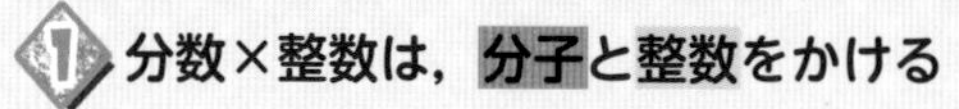

① 分数×整数は，**分子**と**整数**をかける！

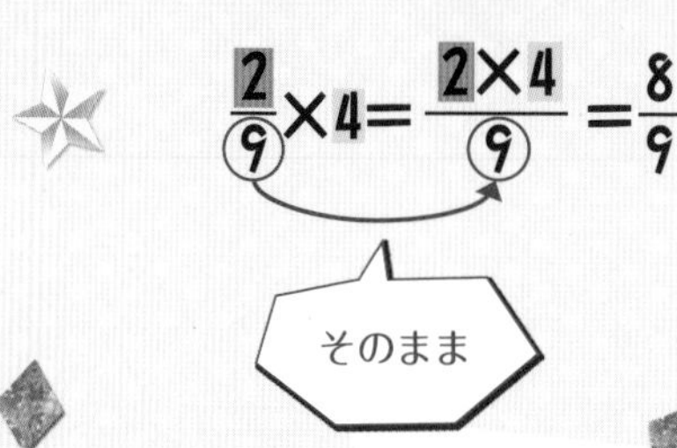

$$\frac{2}{9}\times4=\frac{2\times4}{9}=\frac{8}{9}$$

そのまま

分母はそのまま！
はい，カイト先生。

② 分数÷整数は，分母と**整数**をかける！

そのまま

$$\frac{6}{7}\div5=\frac{6}{7\times5}=\frac{6}{35}$$

分子はそのままね！
かんたんだね♪

③ 計算のと中で約分！

$$\frac{5}{6}\times8=\frac{5\times\overset{4}{\cancel{8}}}{\underset{3}{\cancel{6}}}=\frac{20}{3}$$

$$\frac{8}{9}\div16=\frac{\overset{1}{\cancel{8}}}{9\times\underset{2}{\cancel{16}}}=\frac{1}{18}$$

約分でラク～に
計算しましょう。
計算がかんたん
になるね♪

練習問題

練習問題の答えは
次のページにあります。

1 次の計算をしましょう。

(1) $\frac{4}{7}\times3=$

(2) $\frac{3}{8}\times12=$

(3) $\frac{8}{5}\times15=$

(4) $\frac{1}{9}\div4=$

(5) $\frac{3}{4}\div2=$

(6) $\frac{9}{14}\div6=$

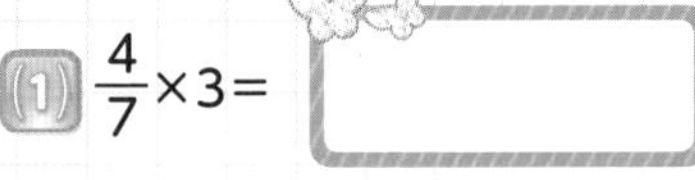

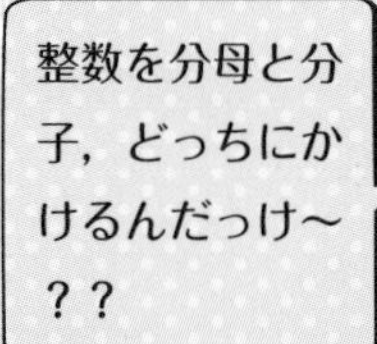

整数を分母と分子，どっちにかけるんだっけ～？？

かけ算のときは，分子にかけるよ。

わり算のときは，分母にかける。

数が大きいとかけ算をまちがえそう…！

そんなときは，約分の出番よ。

これだけはおさえて！

$$\frac{●}{★}\times♪=\frac{●\times♪}{★}$$

$$\frac{●}{★}\div◆=\frac{●}{★\times◆}$$

慣れてしまえばかんたんだろ？

分数のかけ算

分数×分数のしかたを考えよう。

1 分数×分数は，分母どうし・分子どうしでかける！

分子！！

$$\frac{2}{3}\times\frac{2}{5}=\frac{2\times2}{3\times5}=\frac{4}{15}$$

分母！！

分子だけだぞ！
分母だけだよ！
え！それだけ？

2 帯分数は仮分数になおしてから計算！

$$\frac{3}{4}\times2\frac{1}{5}$$

帯分数を…

$$\frac{3}{4}\times\frac{11}{5}=\frac{3\times11}{4\times5}=\frac{33}{20}\left(1\frac{13}{20}\right)$$

仮分数に！！

「2」がジャマだなー…。
これじゃあ解けないよ～。
形を変えてみるといいぞ。
2が消えた！
すごーい！

3 計算のと中で約分！

$$\frac{5}{7}\times\frac{11}{15}=\frac{\overset{1}{\cancel{5}}\times11}{7\times\underset{3}{\cancel{15}}}=\frac{11}{21}$$

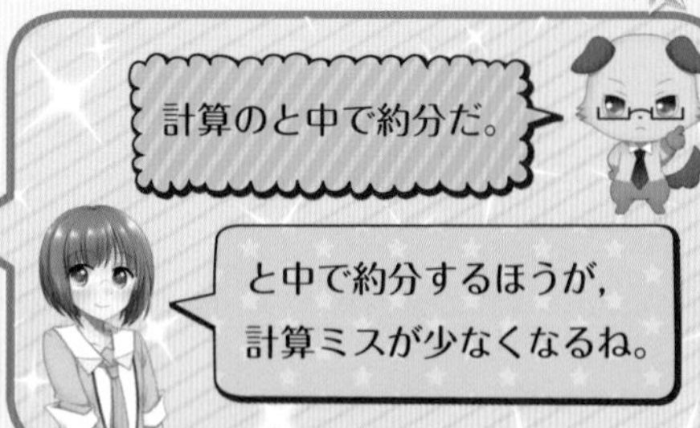

計算のと中で約分だ。
と中で約分するほうが，
計算ミスが少なくなるね。

練習問題の答え　1 (1)$\frac{12}{7}$　(2)$\frac{9}{2}$　(3)24　(4)$\frac{1}{36}$　(5)$\frac{3}{8}$　(6)$\frac{3}{28}$

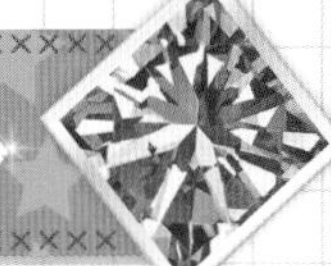

Let's TRY 練習問題

1 次の計算をしましょう。

(1) $\frac{3}{5}\times\frac{7}{8}=$

(2) $\frac{5}{9}\times\frac{3}{20}=$

(3) $1\frac{1}{2}\times\frac{5}{6}=$

(4) $3\times\frac{3}{4}=$

(5) $\frac{7}{24}\times\frac{3}{14}\times\frac{4}{5}=$

(6) $12\times1\frac{7}{8}\times\frac{4}{21}=$

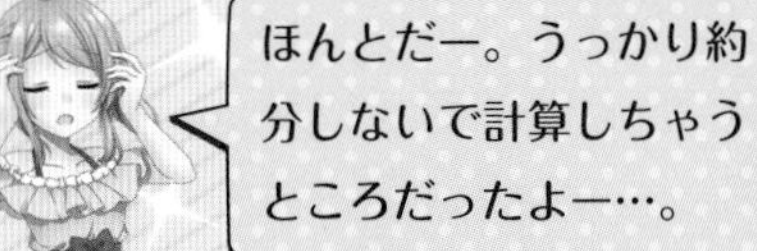

(2)の計算は，と中で約分できそうね。
ほんとだー。うっかり約分しないで計算しちゃうところだったよー…。

(4)の整数は，分母が1の分数に変身するぞ。

わたしも，もっとかわいい女の子に変身したーい！

今のままでもじゅうぶんかわいいぞ。

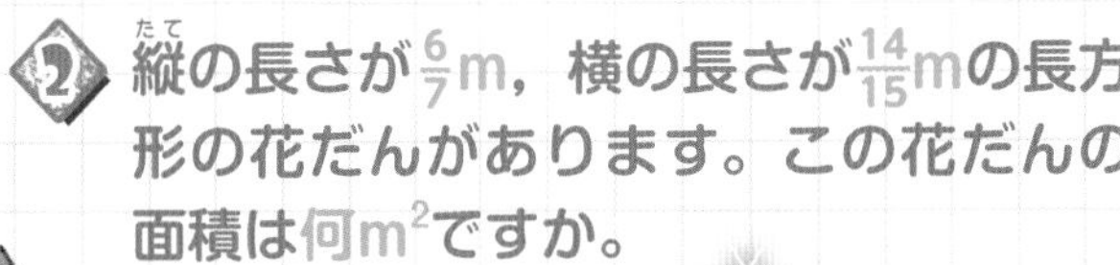

2 縦(たて)の長さが$\frac{6}{7}$m，横の長さが$\frac{14}{15}$mの長方形の花だんがあります。この花だんの面積は何m^2ですか。

式

答え

これだけはおさえて！

$$\frac{♥}{★}\times\frac{◆}{♪}=\frac{♥\times◆}{★\times♪}\quad\frac{\text{←分子×分子}}{\text{←分母×分母}}$$

覚えることがたくさんあるけれど，オレといっしょならがんばれるだろ？

分数のわり算

分数÷分数のしかたを確認(かくにん)しよう。

1 分数÷分数は，わる数を逆数にしてかけ算！

重要

- 2つの数の積が1になるとき，一方の数をもう一方の逆数というよ。

$\frac{3}{5}$の逆数→$\frac{5}{3}$　4の逆数→$\frac{1}{4}$

☆4は$\frac{4}{1}$と考えるとわかりやすいよ！

わり算なのに…かけ算？
大切！
÷のあとの分数の，分母と分子をひっくり返すんだ。

ひっくり返して…

$$\frac{2}{7}\div\frac{3}{4}=\frac{2}{7}\times\frac{4}{3}=\frac{2\times4}{7\times3}=\frac{8}{21}$$

かけ算に！！

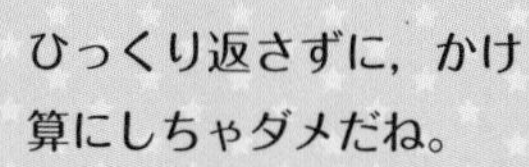

2 整数は，分母が1の分数になおして計算！

ひっくり返して…

$$3\div\frac{7}{2}=\frac{3}{1}\div\frac{7}{2}=\frac{3}{1}\times\frac{2}{7}=\frac{6}{7}$$

かけ算に！！

$3\div\frac{7}{2}=3\times\frac{2}{7}=\frac{3\times2}{7}$
と考えてもいいよ！

分母を1と考えると，分数÷分数の計算だね。

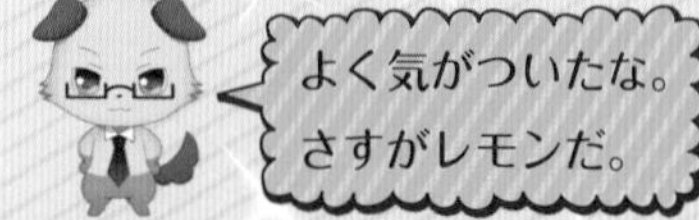

よく気がついたな。
さすがレモンだ。

練習問題の答え　1 (1)$\frac{21}{40}$　(2)$\frac{1}{12}$　(3)$\frac{5}{4}$　(4)$\frac{9}{4}$　(5)$\frac{1}{20}$　(6)$\frac{30}{7}$　2 式 $\frac{6}{7}\times\frac{14}{15}=\frac{4}{5}$　答え $\frac{4}{5}m^2$

1 次の計算をしましょう。

(1) $\frac{7}{5} \div \frac{8}{3} =$

(2) $\frac{3}{4} \div \frac{9}{16} =$

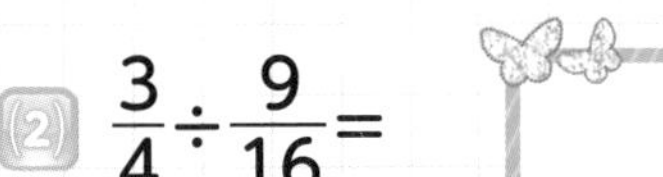

(3) $\frac{5}{6} \div 1\frac{1}{3} =$

(4) $2\frac{2}{7} \div 1\frac{1}{11} =$

(5) $2 \div \frac{14}{9} =$

(6) $3 \div 4\frac{1}{2} =$

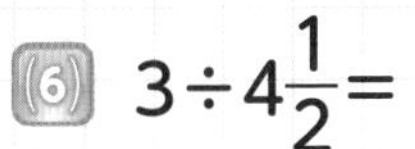

レモン，分数÷
分数の計算は？
ひっくり返してかけ算！
その通り。(3)の帯分数
は，仮分数にしてから
計算だぞ。覚えてるか？

だいじょうぶ。
覚えてるよ！
あと，(5)の整数は，分母が
1の分数にすればいいね。

2 $\frac{4}{5}m^2$のかべをぬるのに，$\frac{2}{3}$dLのペンキを使います。ペンキ1dLを使うと何m^2ぬることができますか。

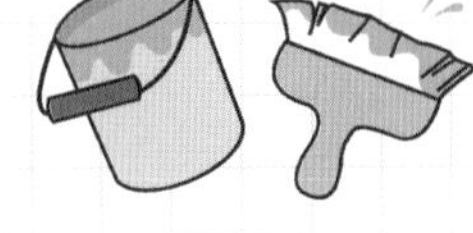

式

答え

これだけはおさえて！

わる数を逆数に！

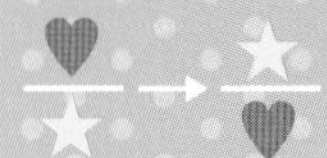

逆数は？
ひっくり返ーす！

4 分数のかけ算とわり算

整数，小数，分数の混じった計算をしよう。

1 かけ算になおしてから計算！

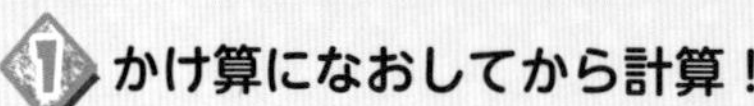

ひっくり返してかけ算に！

$$\frac{3}{4}\div\frac{5}{8}\times\frac{1}{6}=\frac{3}{4}\times\frac{8}{5}\times\frac{1}{6}$$

$$=\frac{\overset{1}{\cancel{3}}\times\overset{1}{\cancel{\overset{2}{\cancel{8}}}}\times1}{\underset{1}{\cancel{4}}\times5\times\underset{1}{\cancel{\underset{2}{\cancel{6}}}}}$$

$$=\frac{1}{5}$$

どれを逆数にするの？
わる数だけを逆数にするんだ。
÷のうしろの数だね。

2 整数，小数も分数になおして計算！

$$0.3\div\frac{9}{5}\times4=\frac{3}{10}\times\frac{5}{9}\times\frac{4}{1}$$

$$=\frac{\overset{1}{\cancel{3}}\times\overset{1}{\cancel{5}}\times\overset{2}{\cancel{4}}}{\underset{1}{\cancel{\underset{2}{\cancel{10}}}}\times\underset{3}{\cancel{9}}\times1}$$

$$=\frac{2}{3}$$

大切！
小数は分数になおして計算するのよ。
どうやって小数を分数になおせばいい？
小数は，分母が10，100，…などの分数で表せるぞ。

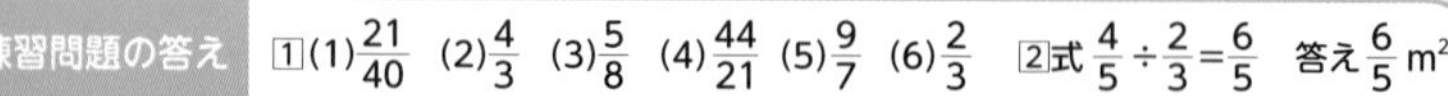
練習問題の答え　1 (1) $\frac{21}{40}$　(2) $\frac{4}{3}$　(3) $\frac{5}{8}$　(4) $\frac{44}{21}$　(5) $\frac{9}{7}$　(6) $\frac{2}{3}$　2 式 $\frac{4}{5}\div\frac{2}{3}=\frac{6}{5}$　答え $\frac{6}{5}$ m^2

Let's TRY 練習問題

1 次の数の逆数を書きましょう。

(1) 0.7

(2) 0.19

(3) 1.3

(4) 1.01

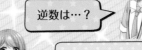

逆数は…？
ひっくり返ーす！
でも，小数は…？
ひっくり返せなーい。
ルナ，まずは分数になおすんだろ？
あ，そうだった。
忘(わす)れてた…。

2 次の計算をしましょう。

(1) $\frac{2}{7}\times\frac{3}{4}\div\frac{9}{7}=$

(2) $1\frac{7}{8}\div\frac{5}{12}\times\frac{1}{9}=$

(3) $12\times\frac{21}{16}\div\frac{7}{2}=$

(4) $4\times\frac{6}{5}\div1.6=$

(5) $\frac{14}{15}\div0.84\times9=$

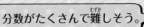

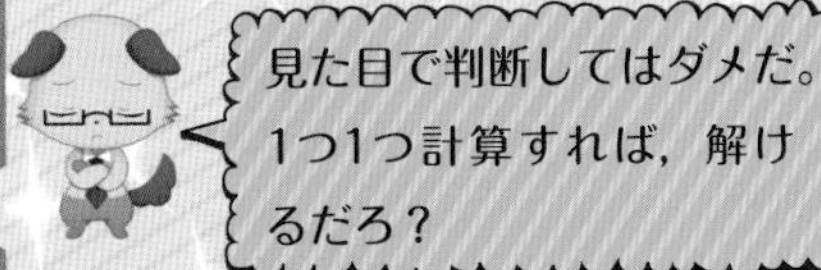

分数がたくさんで難(むずか)しそう。
見た目で判断してはダメだ。1つ1つ計算すれば，解けるだろ？
そう！ 見た目じゃなく，中身が大事！
中身をみがく！

レモン…それ，ちょっと意味がちがってきてるよ！！

文字と式

文字を使って式に表してみよう。

1 言葉の式を考える！

1個80円のりんごをx（エックス）個買ったときの代金y（ワイ）円

→代金は，1個の値段（ねだん）×個数

で求められる！

算数なのにアルファベットが出てきた！

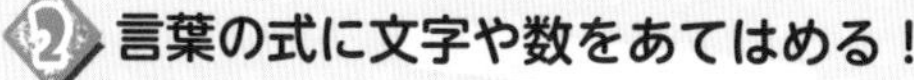

2 言葉の式に文字や数をあてはめる！

1個の値段　×　個数　＝　代金

□を使った式と同じだね。

よく覚えてたな。
○や□のかわりに，
文字を使って表すぞ。

重要

x，yの書き順

① ② x

① ② y

中学校でも使うよ！
うまく書けるように練習しよう。

練習問題の答え 1 (1) $\frac{10}{7}$ (2) $\frac{100}{19}$ (3) $\frac{10}{13}$ (4) $\frac{100}{101}$ 2 (1) $\frac{1}{6}$ (2) $\frac{1}{2}$ (3) $\frac{9}{2}$ (4) 3 (5) 10

Let's TRY 練習問題

1 次の場面を式に表しましょう。

(1) xgの砂糖(さとう)を150gのびんに入れたときの全体の重さyg

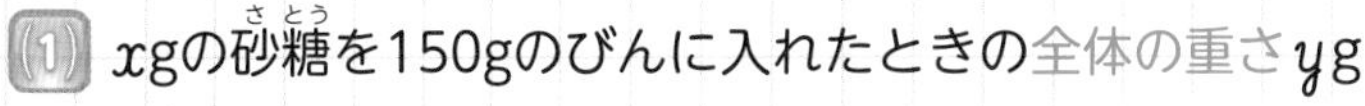

(2) 1.6LのジュースをxL飲んだときの残りの量yL

(3) xmのリボンを7人で等分したときの1人分の長さym

(3)で「等分する」ってあるけど，何算するんだっけ？
等しく分けるってことだから，わり算だ。

2 縦(たて)が6cm，横が$x$cmの長方形の面積を考えます。次の問題に答えましょう。

(1) 長方形の面積を$y$cm^{2}として，xとyの関係を式に表しましょう。

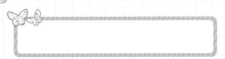

まずは，長方形の面積の求め方を考えようね。

大切！ 長方形の面積の公式は，縦×横だよね。

(2) (1)で，横が8cmのとき，長方形の面積は何cm^{2}ですか。

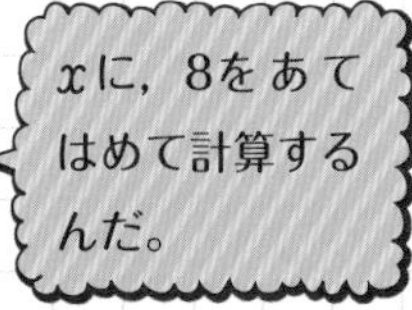

6 比

比についておさえておこう。

1 比

ポイント1

3と4の割合（わりあい）を表すとき，「：」の記号を使って，3：4と表すことがある。
この表し方を比という。
3：4は「三対四（さんたいよん）」と読む。

割合は，5年生で習ったね！

比を使っても割合を表せるんだね。

2 比の値（あたい）

ポイント2

a（エー）：b（ビー）の比で，aがbの何倍になっているかを表す数を，
a：bの比の値という。
a：bの比の値は$a \div b$で求められる。

a：bの比の値は，bを1と見たとき，aがどれだけにあたるかを表しているんだ。

3 等しい比

ポイント3

a：bの両方に同じ数をかけたり，
両方の数を同じ数でわったりして
できる比は，すべてa：bに等しくなる。

1：2と3：6は等しい比なの？

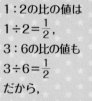

1：2の比の値は$1 \div 2 = \frac{1}{2}$，
3：6の比の値も$3 \div 6 = \frac{1}{2}$
だから，
等しい比だね。

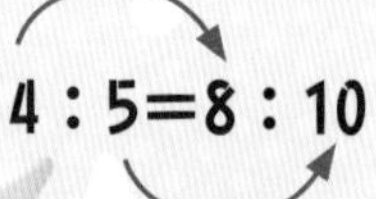

練習問題の答え　1 (1)$x+150=y$　(2)$1.6-x=y$　(3)$x \div 7=y$　2 (1)$6 \times x=y$　(2)48cm^2

Let's TRY 練習問題

1 次の比の値を求めましょう。

(1) 7：9

(2) 15：5

(3) 6：30

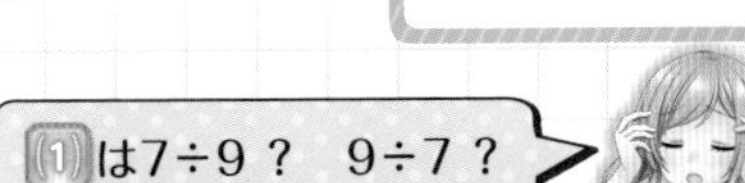

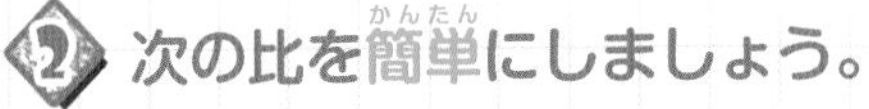

2 次の比を簡単にしましょう。

(1) 8：16

(2) 18：24

(3) $\frac{5}{6}$：1

等しい比で，できるだけ小さい整数の比になおせばいいわね。

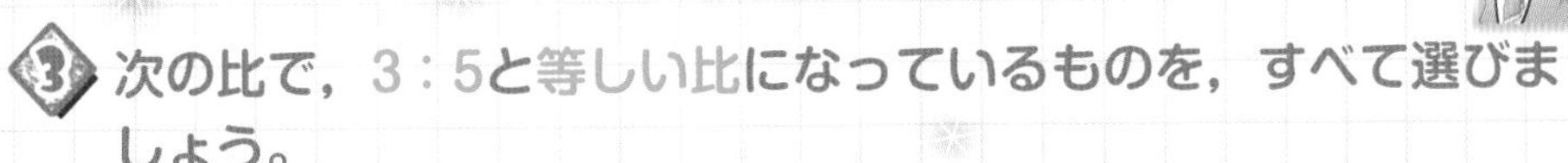

3 次の比で，3：5と等しい比になっているものを，すべて選びましょう。

ア 0.3：0.5　　イ 6：8

ウ 9：15　　エ $\frac{1}{3}$：$\frac{1}{5}$

オ 0.6：1　　カ $\frac{1}{5}$：$\frac{1}{3}$

同じ数をかけたり，同じ数でわったりしてみような。

これだけはおさえて！

a：bの比の値→$a \div b$

等しい比の関係

2：3＝4：6 （×2，×2）

8：12＝2：3 （÷4，÷4）

いろいろと出てきたな。等しい比の関係をおさえればだいじょうぶだからな！

7 

比例について考えよう。

1 比例の関係

ポイント1

ともなって変わる2つの量x，yがあって，xの値が2倍，3倍，……になると，yの値も2倍，3倍，……になるとき，yはxに比例するというよ。

縦が4cmの長方形で，横の長さを順に変えていったときの面積

横の長さ（cm）	1	2	3	4	5
面積（cm^2）	4	8	12	16	20

（2倍　3倍）

xが2倍になると，yも2倍。xが3倍になると，yも3倍だ！

2 比例の式

ポイント2

比例の関係は，y＝決まった数×xで表すことができるよ。
上で，横の長さを$x$cm，面積を$y$$cm^2$とすると，$x$と$y$の関係は，$y$＝4×$x$になるね。

決まった数を見つければいいわね。

3 比例のグラフ

ポイント3

比例する2つの量の関係を表すグラフは，直線になり，0の点を通るよ！

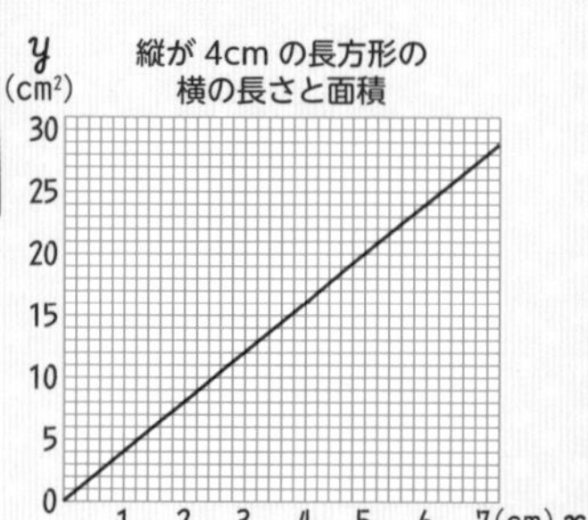

練習問題の答え　1 (1) $\frac{7}{9}$　(2) 3　(3) $\frac{1}{5}$　2 (1) 1：2　(2) 3：4　(3) 5：6　3 ア，ウ，オ，カ

Let's TRY

練習問題

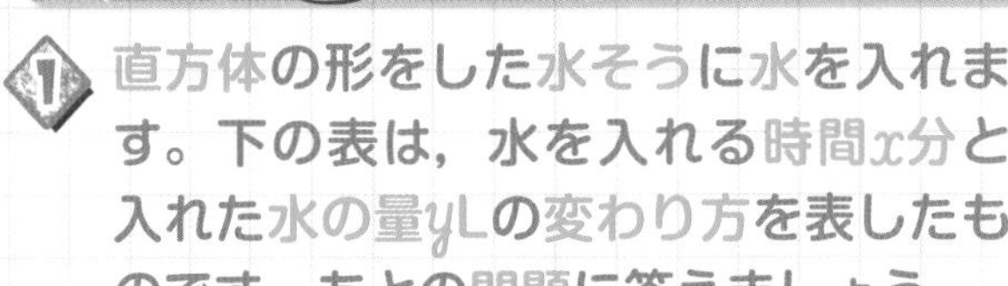

1 直方体の形をした水そうに水を入れます。下の表は，水を入れる時間x分と入れた水の量yLの変わり方を表したものです。あとの問題に答えましょう。

水を入れる時間 x（分）	1	2	3	4	5
水の量 y（L）	6	12	18	24	30

(1) 水の量yLは，水を入れる時間x分に比例していますか。

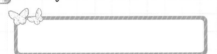

比例の関係になるときは，xが2倍になるとyも2倍になるね。

(2) 水の量yの値を，対応する時間xの値でわった商は何を表していますか。また，いくつですか。

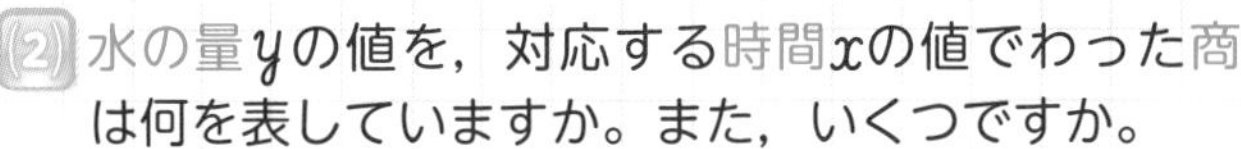

決まった数が何を表しているかわかるか？

(3) yをxの式で表しましょう。

(4) 水を入れる時間が12分のとき，水の量は何Lですか。

(4)と(5)は，xとyのどちらに数字をあてはめて計算すればいいかしら？

(5) 水そうの容積は180Lです。水そうは何分でいっぱいになりますか。

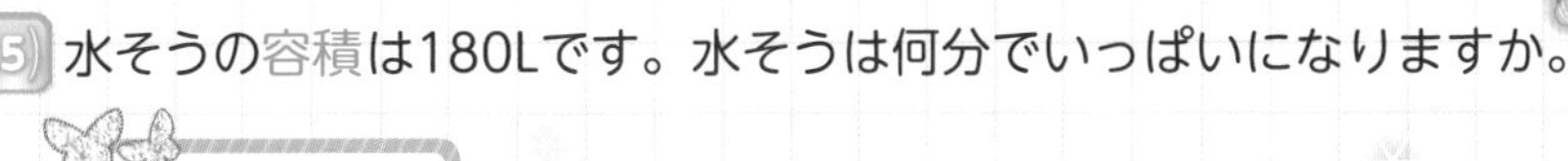

8 反比例

反比例について考えよう。

1 反比例の関係

ポイント1

ともなって変わる2つの量x，yがあって，
xの値が2倍，3倍，……になると，
yの値が$\frac{1}{2}$倍，$\frac{1}{3}$倍，……になるとき，
yはxに反比例するというよ。

面積が18cm²の長方形で，縦の長さを順に変えていったときの横の長さ

縦の長さ（cm）	1	2	3	4	5	6
横の長さ（cm）	18	9	6	4.5	3.6	3

（縦：2倍，3倍　横：$\frac{1}{2}$倍，$\frac{1}{3}$倍）

比例と似ていてまちがえそう…。

比例とちがうところを確認しておこうな。

2 反比例の式

ポイント2

反比例の関係は，y＝決まった数÷xで表すことができるよ。
上で，縦の長さを$x$cm，横の長さを$y$cmにすると，xとyの関係は，
y＝18÷xになるね。

反比例の式は
y＝決まった数÷xね。

3 反比例のグラフ

ポイント3

反比例する2つの量の関係を表すグラフは，直線にはならないよ！

まっすぐじゃないね。

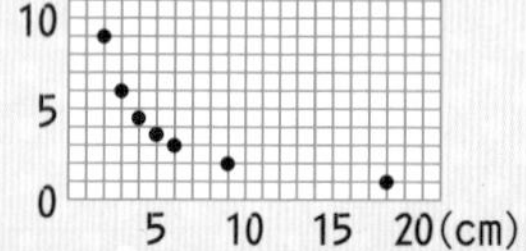

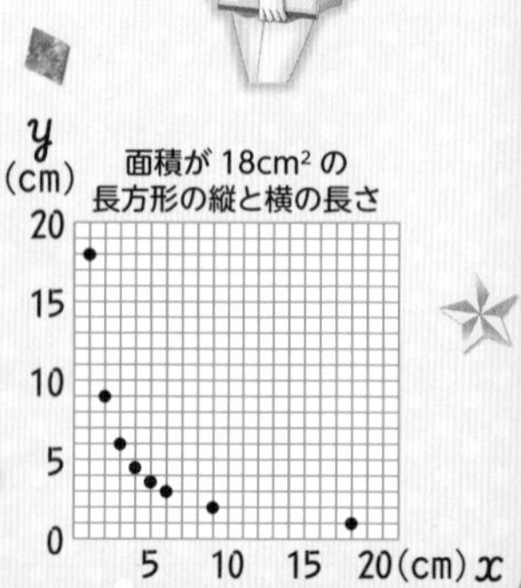

面積が18cm²の長方形の縦と横の長さ

（グラフ：縦軸 y（cm）0, 5, 10, 15, 20／横軸 x（cm）5, 10, 15, 20）

練習問題の答え　①(1)比例している　(2)1分間に入れる水の量，6　(3)y=6×x　(4)72L　(5)30分

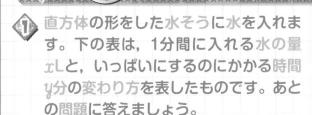

Let's TRY 練習問題

1 直方体の形をした水そうに水を入れます。下の表は，1分間に入れる水の量xLと，いっぱいにするのにかかる時間y分の変わり方を表したものです。あとの問題に答えましょう。

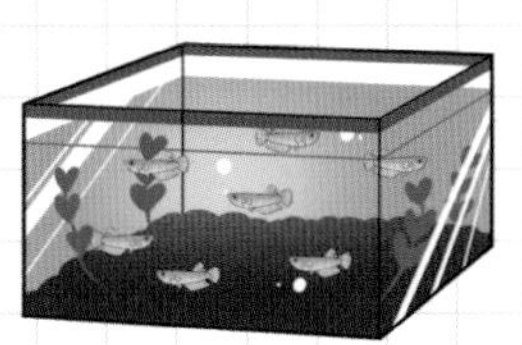

1分間に入れる水の量 x（L）	1	2	3	4	5
かかる時間 y（分）	180	90	60	45	36

(1) かかる時間y分は，1分間に入れる水の量xLに反比例していますか。

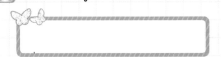

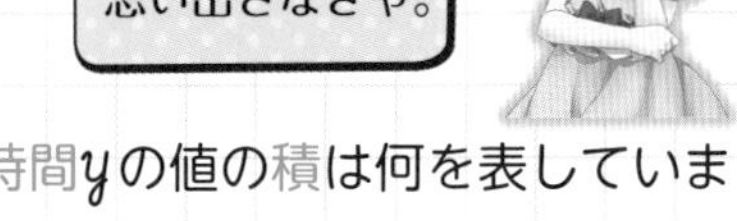

(2) 1分間に入れる水の量xの値と，対応する時間yの値の積は何を表していますか。また，いくつですか。

問題文をよく読むんだ。比例のときと何がちがう？

(3) yをxの式で表しましょう。

(4) 1分間に6Lの水を入れるとき，かかる時間は何分ですか。

(5) 20分で水そうをいっぱいにします。1分間に入れる水の量は何Lですか。

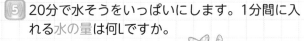

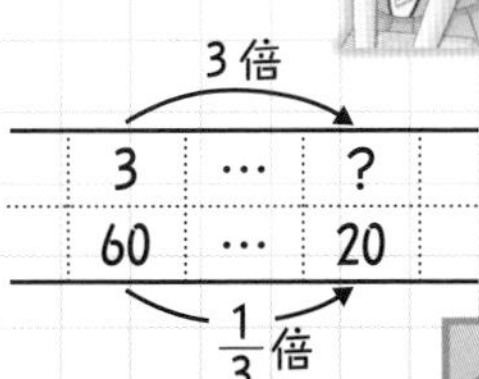

線対称・点対称な図形

線対称(たいしょう)や点対称な図形についておさえよう。

1 線対称な図形

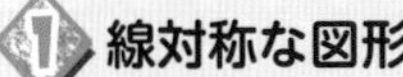

1本の直線を折り目にして二つ折りにしたとき，両側の部分がぴったり重なる図形を線対称な図形という。また，この直線を対称の軸(じく)という。

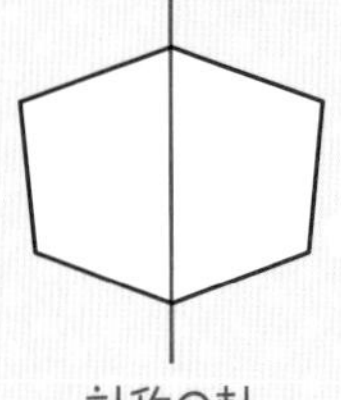

対称の軸

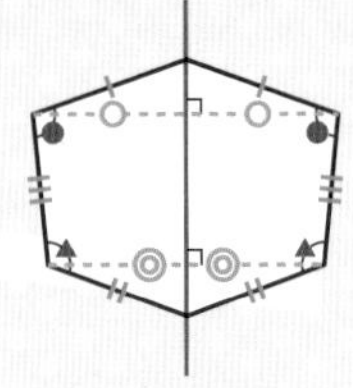

対称の軸

対称の軸の左側と右側は，同じ形になっているのね！

線対称な図形では，対応する辺の長さや対応する角の大きさは，それぞれ等しくなっているよ。

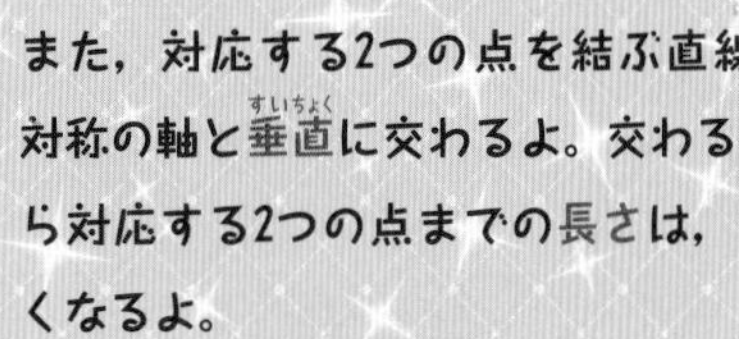

また，対応する2つの点を結ぶ直線は，対称の軸と垂直(すいちょく)に交わるよ。交わる点から対応する2つの点までの長さは，等しくなるよ。

2 点対称な図形

ポイント2

1つの点のまわりに180°回転させたとき，もとの図形にぴったり重なる図形を点対称な図形という。また，この点を対称の中心という。

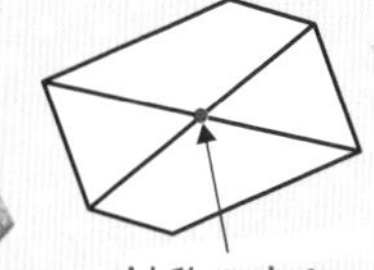

対称の中心

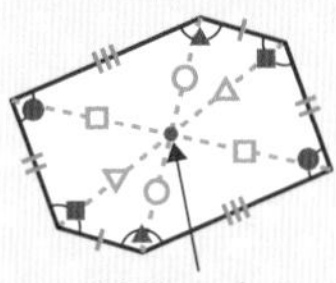

対称の中心

線対称とまちがえちゃいそう…。

点対称な図形では，対応する辺の長さや対応する角の大きさは，それぞれ等しくなっているよ。

また，対応する2つの点を結ぶ直線は，対称の中心を通るよ。対称の中心から対応する2つの点までの長さは，等しくなっているよ。

練習問題の答え　1(1)反比例している　(2)水そうの容積，180　(3)$y=180\div x$　(4)30分　(5)9L

Let's TRY 練習問題

1 次の図形のうち，線対称な図形を次のア～オからすべて選びましょう。

ア A　イ F　ウ M　エ S　オ Z

2つに折ったときに，ぴったり重なる図形だね。

2 次の図形のうち，点対称な図形を次のア～オからすべて選びましょう。

ア 文　イ Y　ウ ⊗　エ 卍　オ

逆さに回したときに，ぴったり重なる図形だな。

3 下の図はデジタル時計の数字です。これについて，あとの問題に答えましょう。

0 2 3 7 8

(1) 点対称ではあるが，線対称ではない数字を答えましょう。

(2) 線対称でも点対称でもある数字をすべて答えましょう。

これだけはおさえて！

線対称な図形も点対称な図形も対応する辺の長さや角の大きさは等しくなるよ！

折り紙を半分に折って，はさみで切ると線対称な図形ができるぞ。

多角形と対称

多角形の対称について確認しよう。

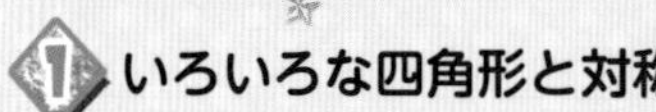

1 いろいろな四角形と対称

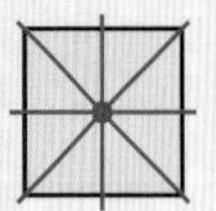
正方形

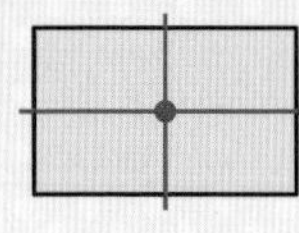
長方形

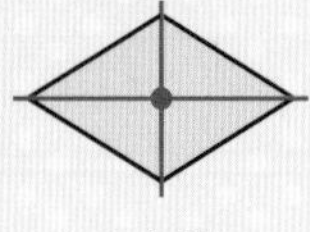
ひし形

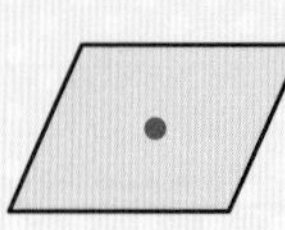
平行四辺形

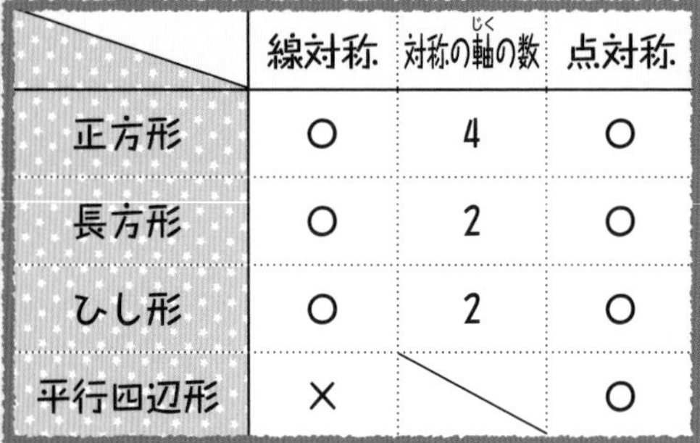

	線対称	対称の軸の数	点対称
正方形	○	4	○
長方形	○	2	○
ひし形	○	2	○
平行四辺形	×		○

あれ？平行四辺形は線対称じゃないの？

平行四辺形は，折ってもぴったり重ならないだろ？

ほんとだ！重なると思った。

2 いろいろな正多角形と対称

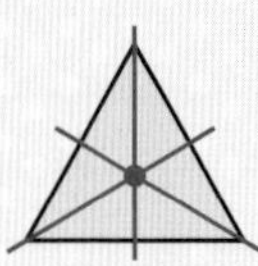
正三角形

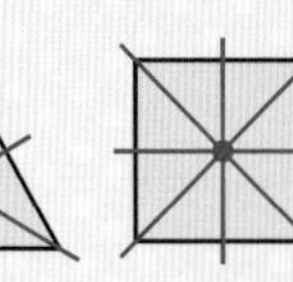
正四角形（正方形）

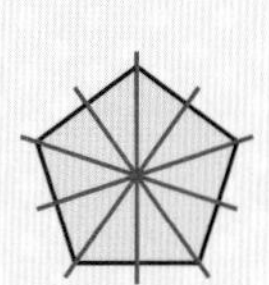
正五角形

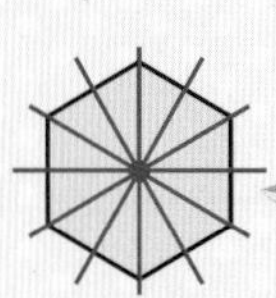
正六角形

	線対称	対称の軸の数	点対称
正三角形	○	3	×
正四角形（正方形）	○	4	○
正五角形	○	5	×
正六角形	○	6	○

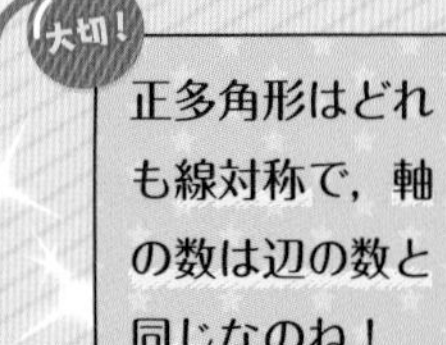

大切！
正多角形はどれも線対称で，軸の数は辺の数と同じなのね！

点対称ではないものに注意だ。

表でいうと…，正三角形と正五角形ね。

練習問題の答え　1ア，ウ　2ウ，エ　3(1) 2　(2) 0，8

Let's TRY 練習問題

1 右の図は正十角形で，線対称にも点対称にもなっています。次の問題に答えましょう。

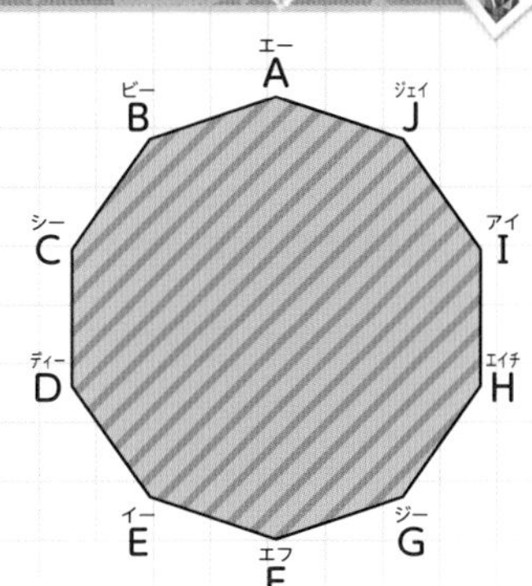

(1) 対称の軸は何本ありますか。

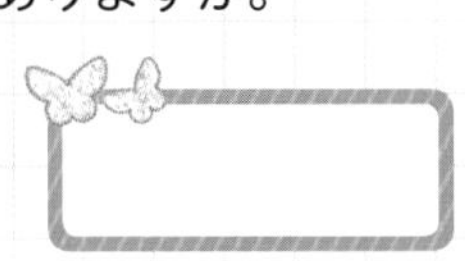

(2) 線対称な図形で，直線AFを対称の軸と見たとき，点Cに対応する点はどれですか。

(3) この図形を点対称な図形と見たとき，辺DEに対応する辺はどれですか。

正十角形って，角がいっぱい！難しそー。
正四角形や正六角形と考え方は同じだぞ。

2 右の正多角形について，次の問題に答えましょう。

(1) 正何角形ですか。

(2) 対称の軸は何本ありますか。

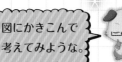

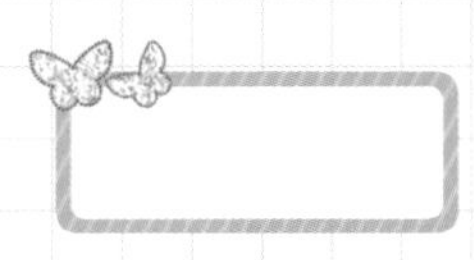

どうやって軸を数えるの？

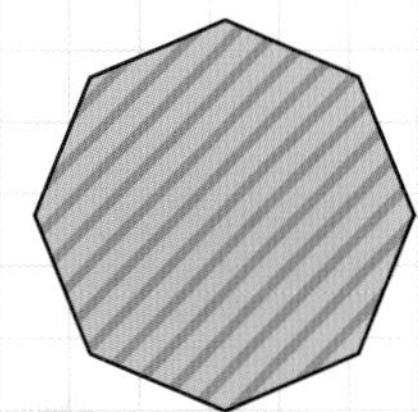

図にかきこんで考えてみような。

円の面積

円の面積の求め方を確認しよう。

① 円の面積を求める公式

円の面積は，次の公式で求められる。

公式 円の面積＝半径×半径×円周率

円周率は3.14を使うことが多いよ。

重要

円の面積は，半径を1辺とする正方形の面積の約3.14倍になるよ。

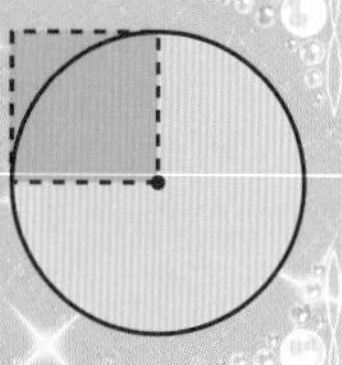

円の面積を求める公式もあるんだ。

5年生では，円周の長さの求め方を習ったよな。

算数は，いろいろつながっているのね。

② 円を $\frac{1}{2}$，$\frac{1}{4}$ にした図形の面積

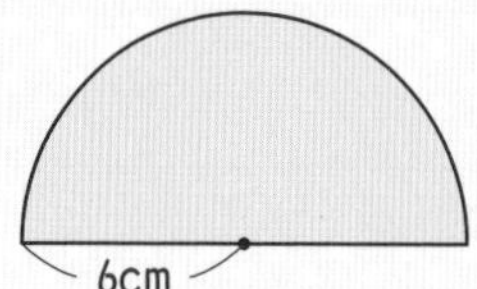

6×6×3.14÷2
＝56.52(cm²)

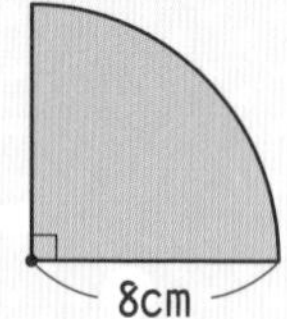

8×8×3.14÷4
＝50.24(cm²)

かまぼこだー！
食べちゃおーっと。

こっちは…ケーキ？
ケーキ大好き！

オレはかまぼこがいい！

練習問題の答え　1 (1)10本　(2)点I　(3)辺IJ　2 (1)正八角形　(2)8本

Let's TRY
練習問題

 次の図形の周りの長さと面積を求めましょう。

(1)

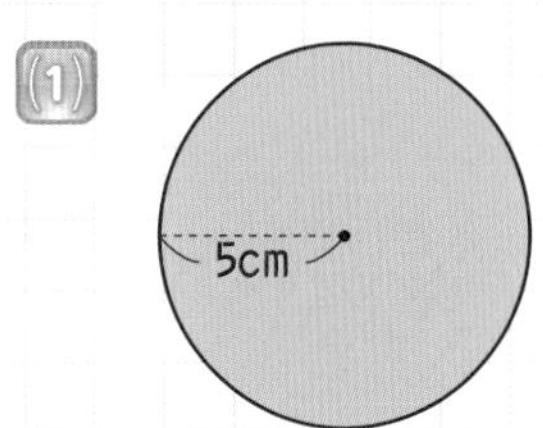
5cm

(2)

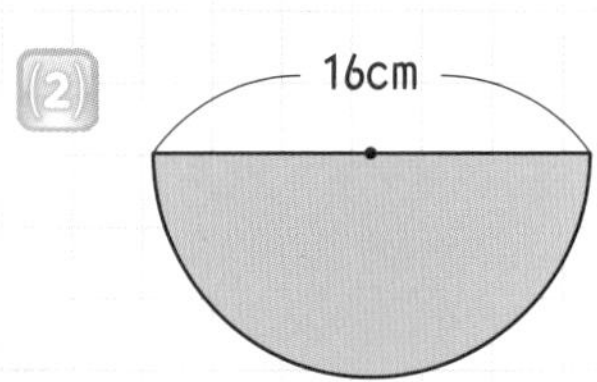
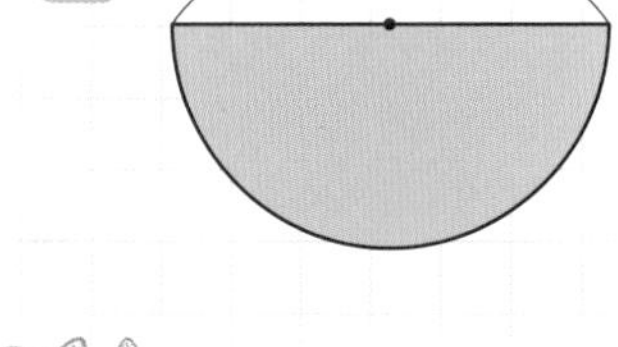
16cm

(1)
周りの長さ

面積

(2)
周りの長さ

面積

円周＝直径×円周率
で求められるね。

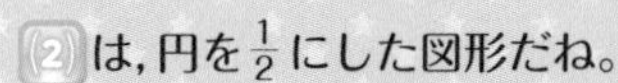
(2)は，円を$\frac{1}{2}$にした図形だね。

 右の図形の色のついた部分の周りの長さと面積を求めましょう。

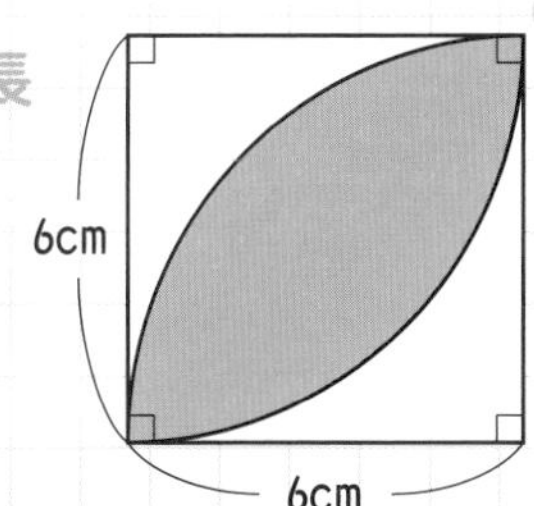
6cm
6cm

周りの長さ

面積

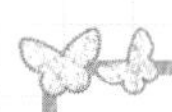
対角線をひいて考えよう。

これだけはおさえて！

円の面積＝半径×半径×円周率
（円周率は3.14）

公式にあてはめて計算すれば簡単だろ！

12 拡大図と縮図

拡大図と縮図についておさえよう。

1 拡大した図と縮小した図

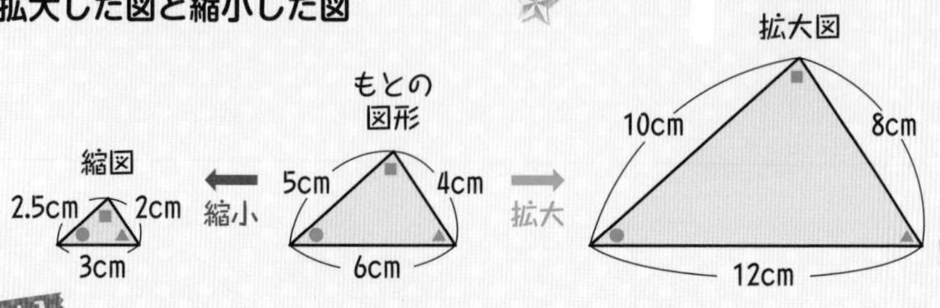

ポイント1

★拡大した図を拡大図，縮小した図を縮図という。
★もとの図形と拡大図と縮図では，対応する角の大きさは等しい。
★対応する辺の長さが2倍になるように拡大した図形は
2倍の拡大図，$\frac{1}{2}$になるように縮小した図形は$\frac{1}{2}$の縮図という。

形は変わらないのね！
大切！
対応する辺の長さの比と
角の大きさが同じなんだ。

2 縮尺

ポイント2

★実際の長さを縮めた割合のことを，縮尺という。
★縮尺には，次のような表し方がある。

ア $\frac{1}{10000}$
イ 1：10000
ウ 0m 100m 200m 300m
全部10000分の1よ。
いろんな表し
方があるのね。

練習問題の答え 1(1)31.4cm，78.5cm^2 (2)41.12cm，100.48cm^2 2 18.84cm，20.52cm^2

Let's TRY 練習問題

1 下の四角形EFGH（イーエフジーエイチ）は，四角形ABCD（エービーシーディー）の2倍の拡大図です。次の問題に答えましょう。

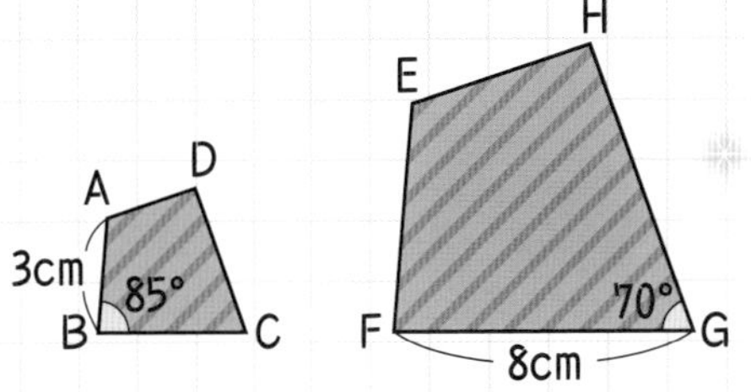

長さや角の大きさが一部しかわからない！

どうやって解くの？助けて！カイト先生！

対応する辺や角を，ていねいに見よう。図にかきこんでいくと，ミスが防げるぞ。

(1) 辺ABに対応する辺はどれですか。また，何cmですか。

(2) 角Bに対応する角はどれですか。また，何度ですか。

(3) 辺FGに対応する辺はどれですか。また，何cmですか。

(4) 角Gに対応する角はどれですか。また，何度ですか。

2 縮尺が $\frac{1}{1000}$ の地図で4cmのきょりは実際では何mですか。

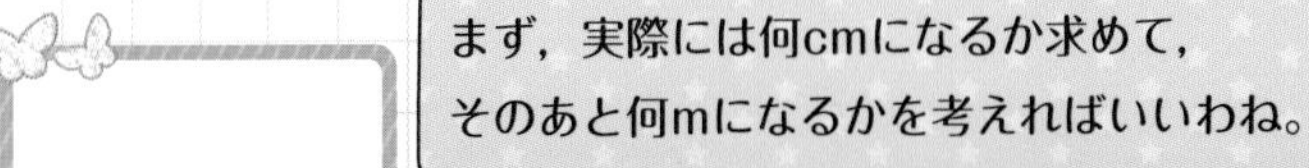

まず，実際には何cmになるか求めて，
そのあと何mになるかを考えればいいわね。

13 立体の体積

体積の求め方について確認しよう。

1 角柱の体積の求め方の公式

角柱の体積は次のように求めることができるよ！

公式 角柱の体積＝底面積×高さ

1つの底面の面積を底面積というよ！

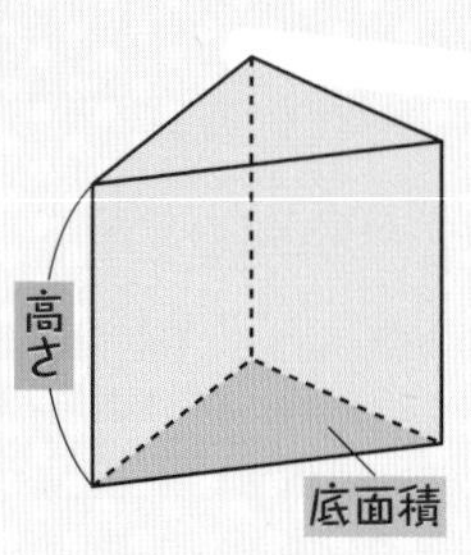
高さ
底面積

底面が三角形でも四角形でも，
同じ公式で求められるわね。
いろんな形で求めてみたいな！

2 円柱の体積の求め方の公式

円柱の体積は次のように求めることができるよ！

公式 円柱の体積＝底面積×高さ

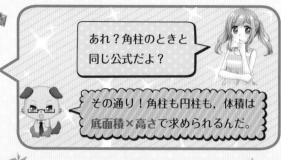

高さ
底面積

あれ？角柱のときと
同じ公式だよ？

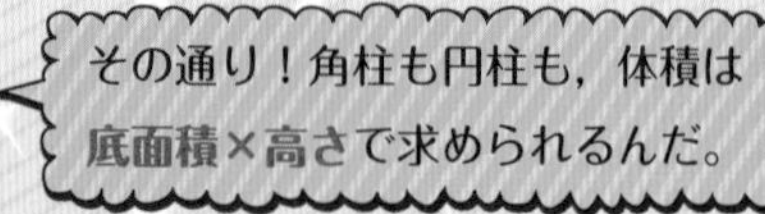
その通り！角柱も円柱も，体積は
底面積×高さで求められるんだ。

練習問題の答え　1(1)辺EF，6cm　(2)角F，85度　(3)辺BC，4cm　(4)角C，70度　2 40m

Let's TRY 練習問題

1 次の立体の体積を求めましょう。円周率は3.14とします。

(1)

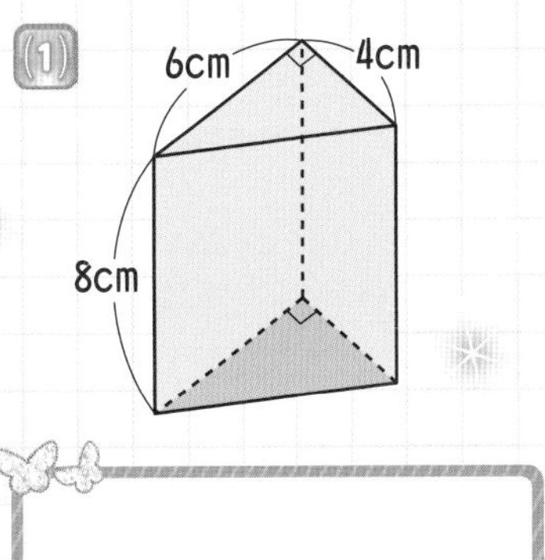

(2)

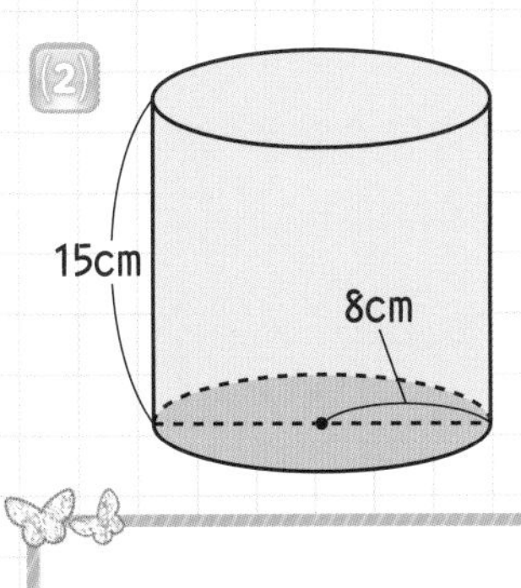

まずはどこが底面なのかを考えようね。

底面の形によって，底面積の求め方が変わるぞ。

2 右の立体について，次の問題に答えましょう。

(1) 角柱と見たとき，底面の面積を求めましょう。

(2) 体積を求めましょう。

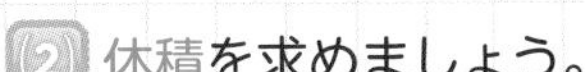

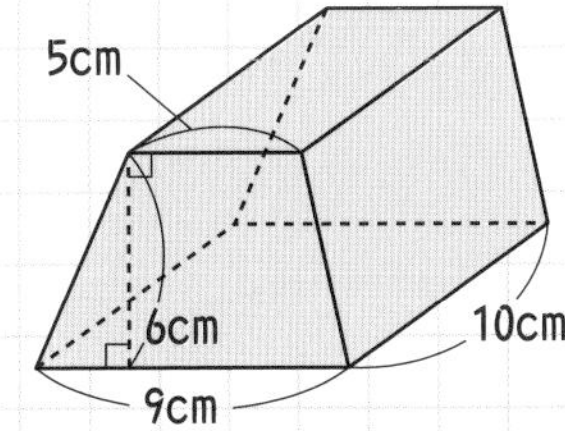

これだけはおさえて！

角柱・円柱の体積の公式

角柱・円柱の体積＝底面積×高さ

この公式は中学でも使うぞ。中学生になっても，オレのこと，忘(わす)れんなよ。

14 およその形

およその面積や体積の求め方を確認しよう。

1 およその形の面積の求め方

次の公園と池の面積を求めましょう。

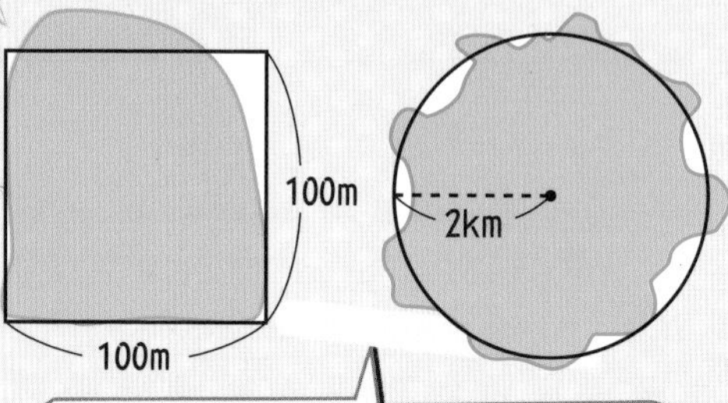

公園は，およそ，$100 \times 100 = 10000$ (m²)
池は，およそ，$2 \times 2 \times 3.14 = 12.56$ (km²)

なんとなーく，四角形や円に見える！

池とか，きれいな円になってないものね。

計算がしやすい形を考えてみるんだ。

2 およその形の体積や容積の求め方

下のポーチの容積を求めましょう。

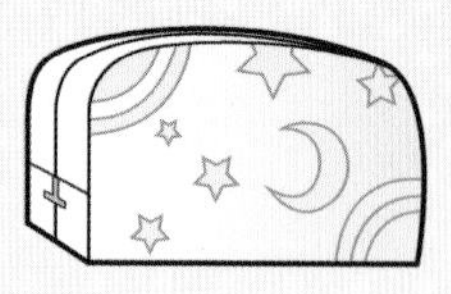

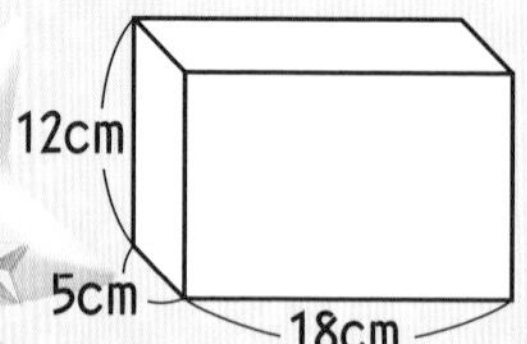

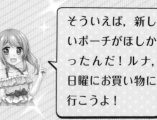

ポーチの形は直方体に似てるね。

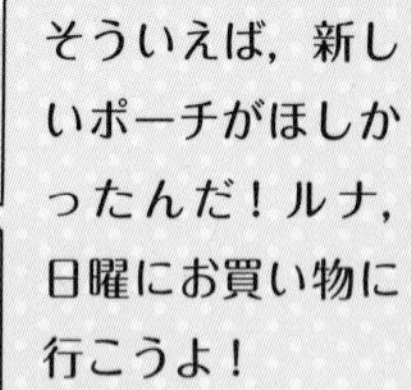

そういえば，新しいポーチがほしかったんだ！ルナ，日曜にお買い物に行こうよ！

$5 \times 18 \times 12 = 1080$ (cm³)
だから，ポーチの容積は
およそ1080cm³

 練習問題の答え 1(1)96cm³ (2)3014.4cm³ 2(1)42cm² (2)420cm³

Let's TRY 練習問題

1 右のようなプールがあります。このプールを長方形と考えて，およその面積を求めましょう。

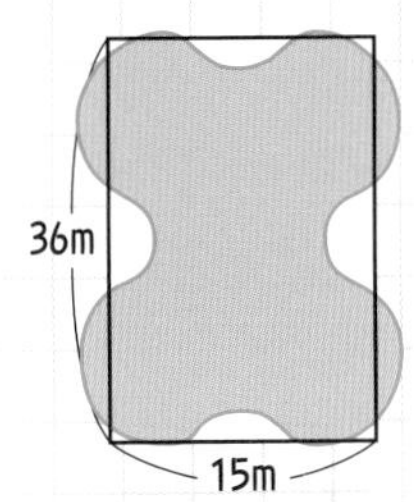

長方形と見ると，およその面積が求められるね！

2 右のような島があります。この島を三角形と考えて，およその面積を求めましょう。

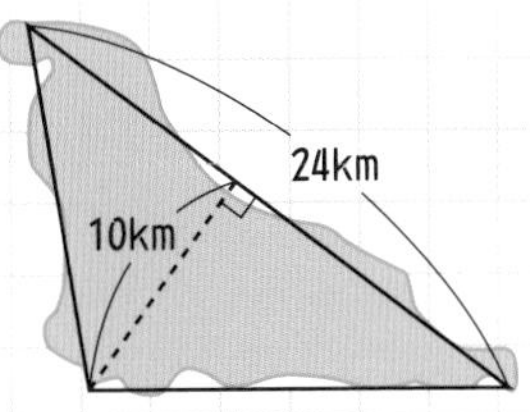

これも三角形と見ると，計算できそうね。

鳥の形にも見えるが，鳥の形の面積は求められないな。

3 下のようなショートケーキがあります。このショートケーキを円柱と考えて，およその体積を求めましょう。円周率は3.14とします。

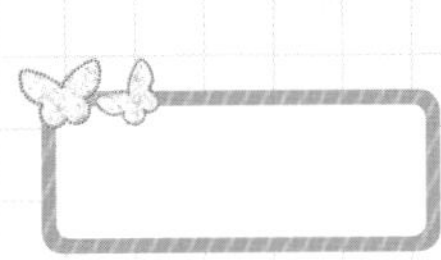

円柱の体積の公式は覚えているか？

まかせて！
底面積×高さでしょ！

並べ方

並べ方について学習しよう。

1 並べ方の考え方

あさみさん，かんなさん，さくらさん，たまきさんの4人が縦1列に並ぶとき，4人の並ぶ順番は次のようになるよ！

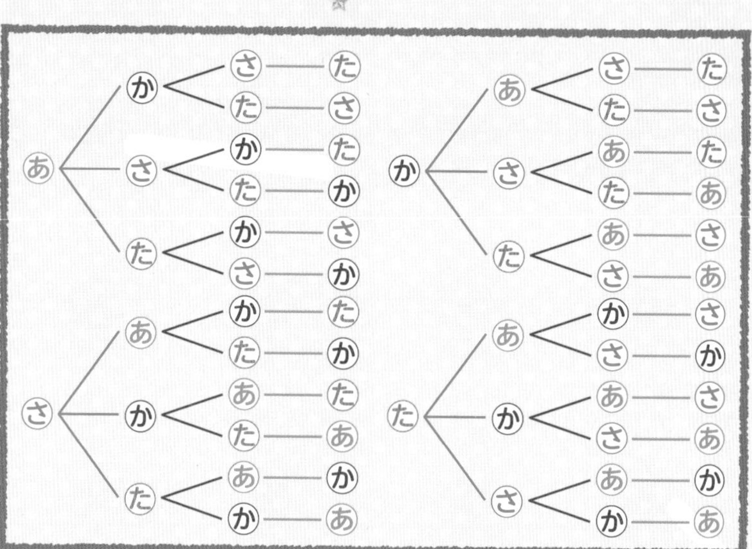

大切！

上の図のように，起こりうるすべての場合を，枝分かれした樹木のようにかいたものを樹形図というんだ。

でも，数えまちがいはなくなりそうよ。

練習問題の答え　1 540m^2　2 120km^2　3 8478cm^3

Let's TRY 練習問題

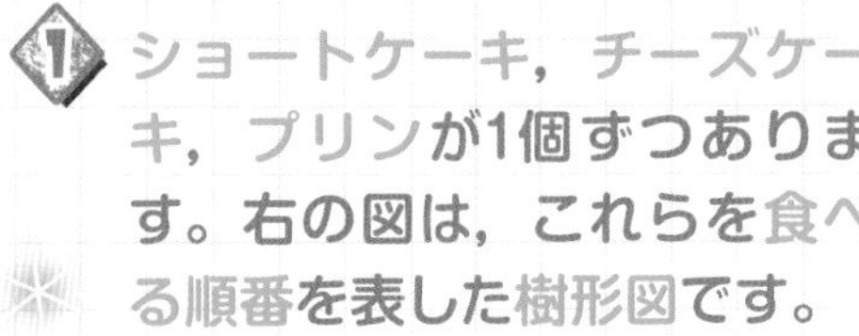

1 ショートケーキ，チーズケーキ，プリンが1個ずつあります。右の図は，これらを食べる順番を表した樹形図です。
ア～ウにあてはまるものを答えましょう。

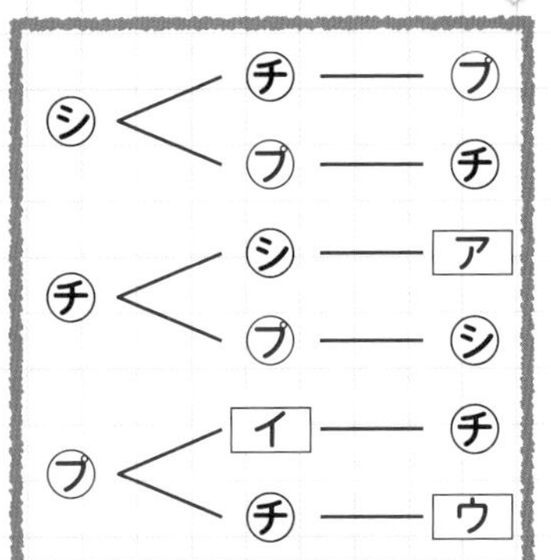

ア

イ

ウ

樹形図をていねいにかいて，考えればいいわね。
どれから食べようかな～♪

2 下のようなメダルを2回投げて，表が出るか裏（うら）が出るかを調べます。表と裏の出方は，全部で何通りありますか。

3 右の4枚（まい）のカードを並べてできる4けたの整数は何個ありますか。

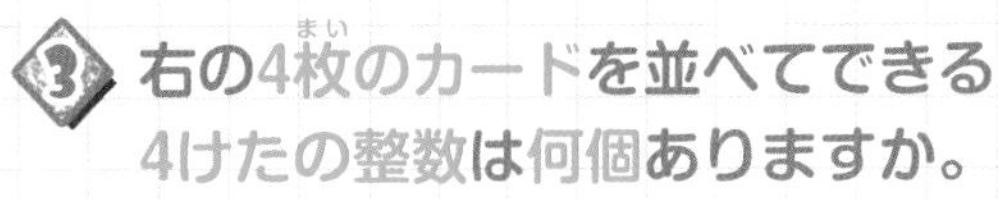

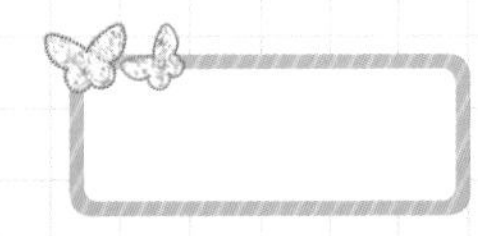

まずは，1を千の位にした樹形図をかいてみよう。

組み合わせ

組み合わせについてチェックしよう。

1 組み合わせの考え方

1組，2組，3組，4組でサッカーの試合をします。
どのチームも，ちがうチームと1回ずつ試合をするとき，
どんな対戦がありますか。

次のような図を使って考えます。

1組の試合	1組・2組	1組・3組	1組・4組
2組の試合	~~2組・1組~~	2組・3組	2組・4組
3組の試合	~~3組・1組~~	~~3組・2組~~	3組・4組
4組の試合	~~4組・1組~~	~~4組・2組~~	~~4組・3組~~

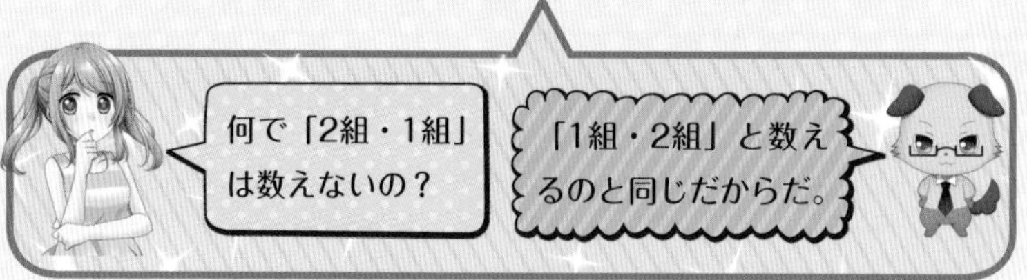
何で「2組・1組」は数えないの？
「1組・2組」と数えるのと同じだからだ。

	1組	2組	3組	4組
1組		○	○	○
2組			○	○
3組				○
4組				

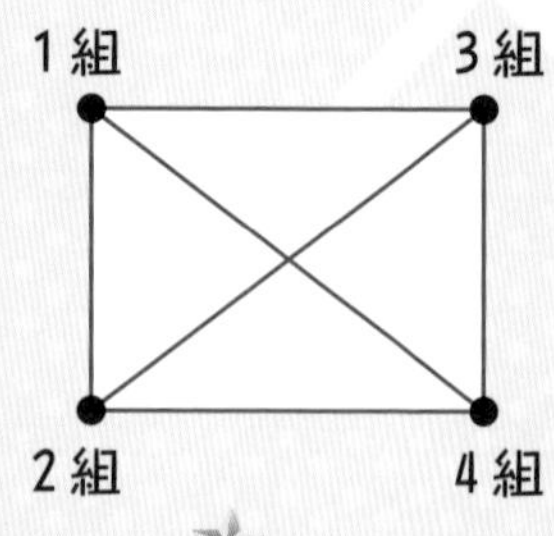
1 組
3 組
2 組
4 組

練習問題の答え 1ア．㋐ イ．㋚ ウ．㋚ 2 4通り 3 24個

Let's TRY 練習問題

1 バニラ，チョコレート，ストロベリー，オレンジの4つのアイスクリームの中から，ちがう種類の2つを選んで買います。組み合わせは全部で何通りありますか。

全部の組み合わせをかくのは大変！
表や図に表してみればいいぞ。

2 ピンク色，黄色，水色，むらさき色，黒色の5色のリボンの中から，ちがう種類の2色を選びます。組み合わせは全部で何通りありますか。

?
?

5種類になってもやり方は同じだよね。

3 1円，5円，10円，100円の4種類のお金が1枚（まい）ずつあります。このうち2枚を組み合わせてできる金額の中で，2番目に大きい金額は何円ですか。

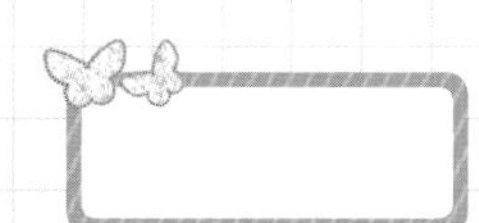

17 資料の調べ方(1)

資料の調べ方について学ぼう。

1 資料を整理した表

1週間に読んだ本の冊数(冊)

冊数(冊)	人数(人)
0	2
1	5
2	6
3	8
4	3
5	1
合計	25

読んだ本の冊数(冊)

2　1　4　1　3
3　4　3　0　2
5　2　3　3　1
3　0　2　1　3
1　2　4　3　2

4冊以上読んだ人は4人いるね。

表だと見やすい！

資料を整理するための区間は「階級」というんだぞ。

2 平均値・中央値・最ひん値

重要

- 平均値…資料の値の合計を資料の総数でわった値
- 中央値…資料の値を大きさの順に並べたときの中央の値
- 最ひん値…資料の中で最も多く出てくる値

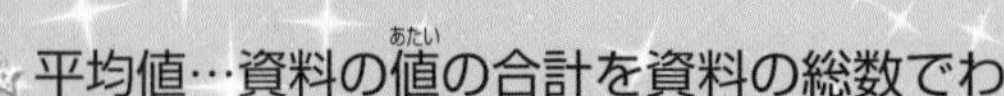

練習問題の答え　1 6通り　2 10通り　3 105円

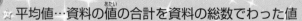

練習問題

1 下の表はあるクラスで1週間に読んだ本の冊数をまとめたものです。次の問題に答えましょう。

1週間に読んだ本の冊数（冊）								
2	4	3	1	3	4	2	2	4
5	0	2	4	2	3	1	5	3
3	2	5	3	1	4	2		

(1) 右の表に，人数を書きましょう。

1週間に読んだ本の冊数（冊）

冊数（冊）	人数（人）
0	
1	
2	
3	
4	
5	
合計	

(2) 平均値を求めましょう。

(3) 中央値を求めましょう。

(4) 最ひん値を求めましょう。

(5) 1週間で4冊以上読んだ人は，全体の何％ですか。

表にするとわかりやすいね。

18 資料の調べ方（2）

資料の調べ方について学ぼう。

1 表に整理する！

みかんの重さ（g）

重さ（g）	個数（個）
85以上～90未満	1
90 ～ 95	2
95 ～ 100	5
100 ～ 105	6
105 ～ 110	4
110 ～ 115	2
合計	20

みかんの重さ（g）

89	104	96	101
98	92	108	105
103	112	100	99
93	103	114	102
95	96	107	109

2 グラフに表す！

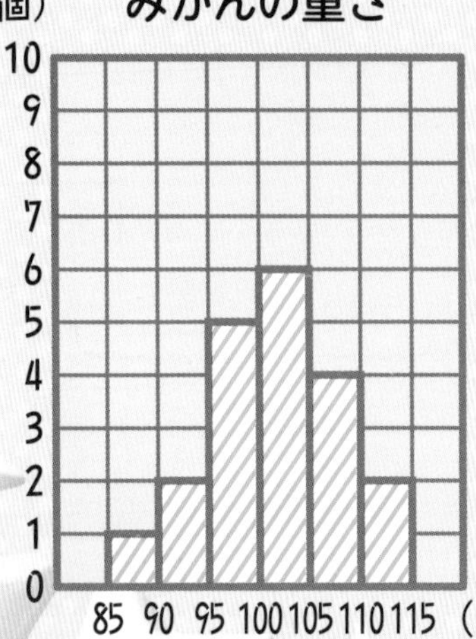

棒（ぼう）グラフじゃないの？

棒グラフみたいなすき間がないね。

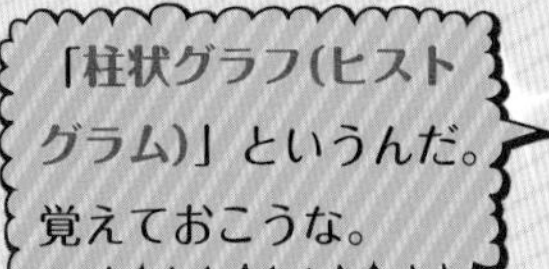

「柱状グラフ（ヒストグラム）」というんだ。覚えておこうな。

練習問題の答え　1(1)（上から順に）1，3，7，6，5，3，25　(2)2.8冊　(3)3冊　(4)2冊　(5)32%

Let's TRY 練習問題

1 下の表はあるクラスで1か月に読んだ本の冊数をまとめたものです。次の問題に答えましょう。

1か月に読んだ本の冊数(冊)								
12	9	2	18	21	17	13	7	10
4	28	23	15	13	6	11	16	13
19	24	18	9	14	11	12		

(1) 右の表に，人数を書きましょう。

1か月に読んだ本の冊数(冊)

冊数(冊)	人数(人)
0以上～5未満	
5 ～ 10	
10 ～ 15	
15 ～ 20	
20 ～ 25	
25 ～ 30	
合計	

(2) 柱状グラフとして正しいものを ア，イ から1つ選びましょう。

ア

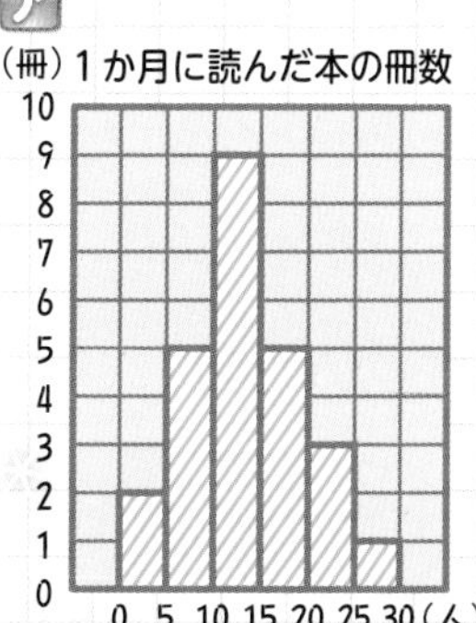

イ

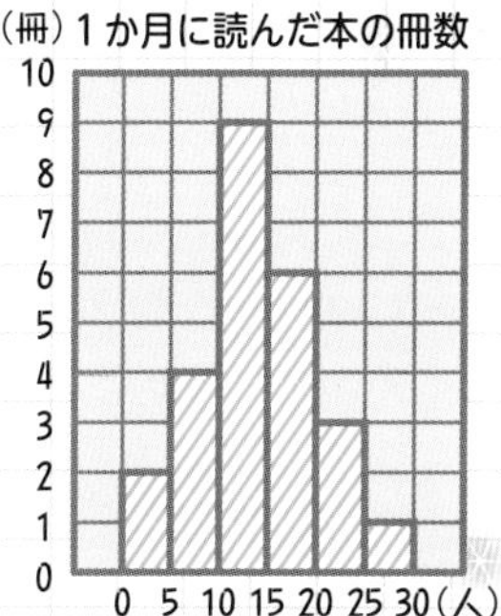

(3) 柱状グラフだけを見て求められるものには○を，求められないものには×を書きましょう。

①10冊以上20冊未満の人数

②平均の冊数

③20冊以上の人数の割合

わたしはアイドルの
写真集ばかり見ちゃう。

なんか頭が痛い…

＼おさえておこう！／
ポイントまとめ

中学の数学にもつながるポイントだぞ！

ポイント1 比

「：」の記号を使って割合（わりあい）を表す表し方

例 3と4の割合→3：4

比の値（あたい）

a：bの比の値→a÷b

復習をしっかりとしような！

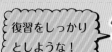

ポイント2 比例

比例の式

y＝決まった数×x

比例のグラフ

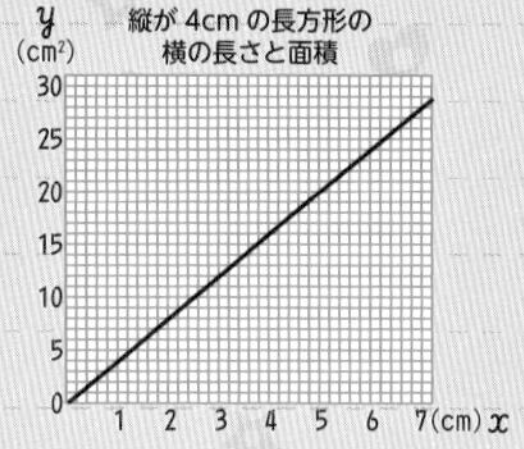

ポイント3 反比例

8 でやったよ！

反比例の式

y＝決まった数÷x

反比例のグラフ

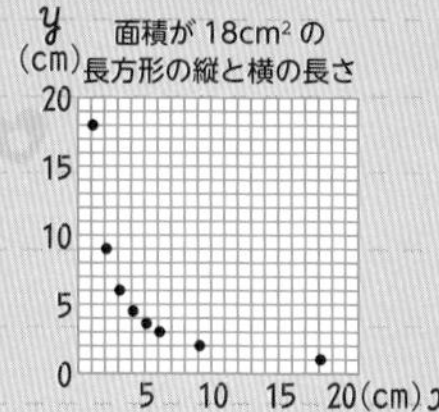

ポイント4 線対称（たいしょう）な図形

9 でやったよ！

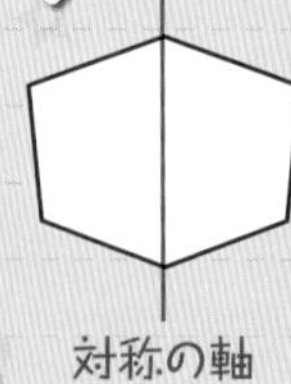

1本の直線を折り目にして二つ折りにしたとき，両側の部分がぴったり重なる図形

ポイント5 点対称な図形

9 でやったよ！

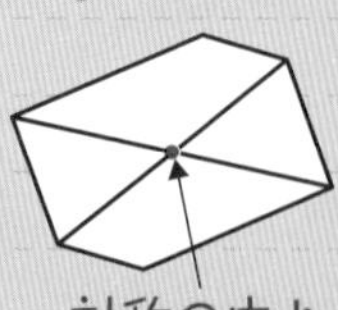

1つの点のまわりに180°回転させたとき，もとの図形にぴったり重なる図形

練習問題の答え　1 (1) (上から順に) 2，4，9，6，3，1，25　(2) イ　(3) ①○　②×　③○

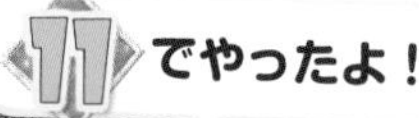

円の面積＝半径×半径×円周率

※円周率は3.14を使うことが多い。

円周＝直径×円周率もあわせておさえておこう！

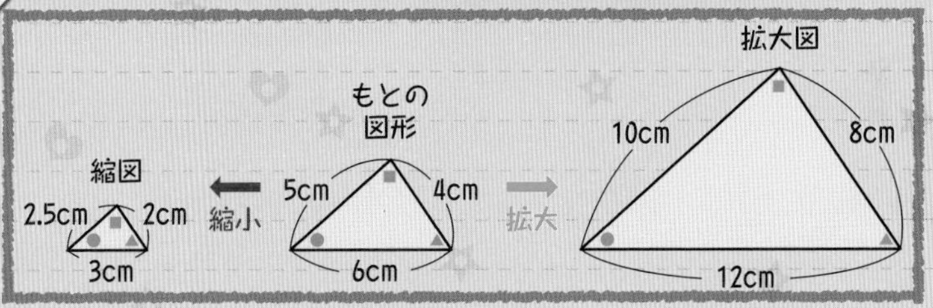

☆もとの図形と拡大図と縮図では，対応する角の大きさは等しい。

ポイント 8 立体の体積

13 でやったよ！

角柱の体積＝底面積×高さ

円柱の体積＝底面積×高さ

底面積の求め方に注意だね！

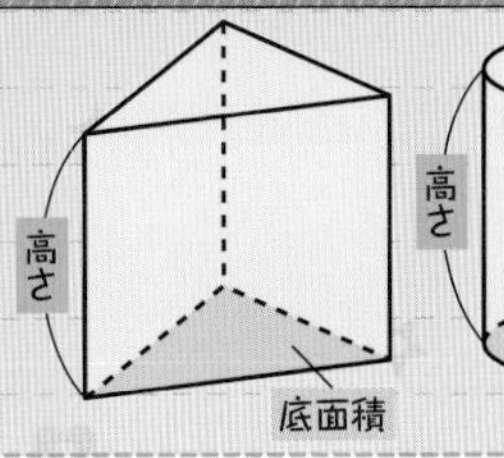

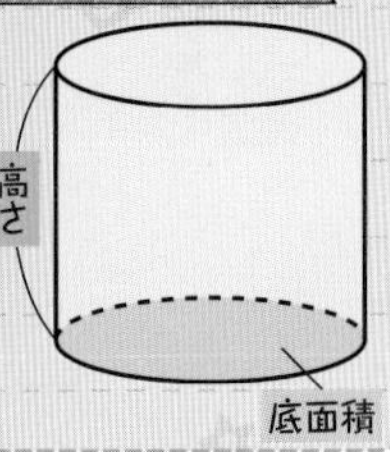

ポイント 9 並べ方・組み合わせ

並べ方や組み合わせを考えるときは，図や表を使って考える。

例 樹形図

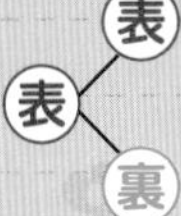

チェックテスト【算数】

⇒答えと解説は P.198

1 次の計算をしましょう。

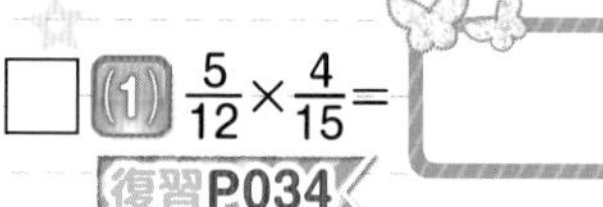

□ (1) $\frac{5}{12}\times\frac{4}{15}=$ □

復習P034

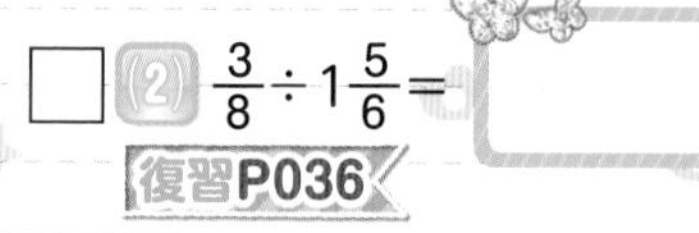

□ (2) $\frac{3}{8}\div1\frac{5}{6}=$ □

復習P036

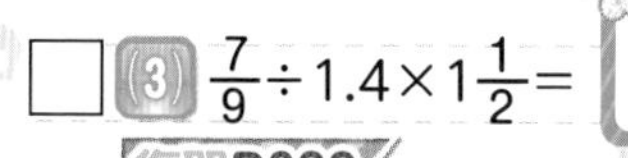

□ (3) $\frac{7}{9}\div1.4\times1\frac{1}{2}=$ □

復習P038

小数は分数になおして計算するんだ。

□ 2 縦(たて)がx(エックス)cm，横が8cmの長方形の面積を考えます。長方形の面積をy(ワイ)cm²として，xとyの関係を式に表しましょう。

復習P040

□

3 次の問題に答えましょう。

□ (1) 9：18の比の値(あたい)を求めましょう。

復習P042

□

□ (2) 縮尺(しゅくしゃく)が$\frac{1}{500}$の地図で17cmのきょりは実際では何mですか。

復習P054

□

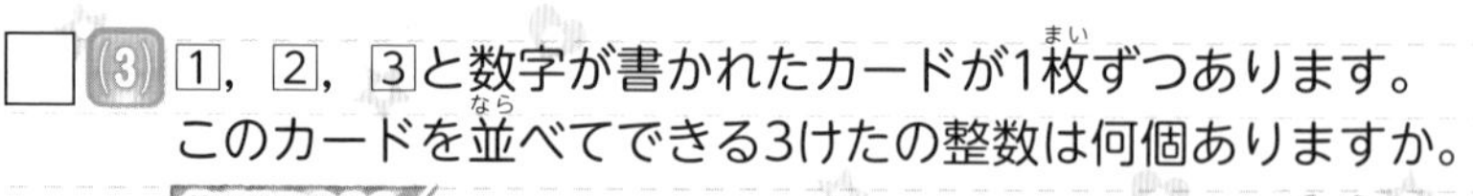

□ (3) 1，2，3と数字が書かれたカードが1枚(まい)ずつあります。このカードを並(なら)べてできる3けたの整数は何個ありますか。

復習P060

□

4 下の表で，yはxに比例しています。次の問題に答えましょう。

復習P044

x(cm)	2	3	4	5	6
y(cm^2)	3				

□ (1) 表のあいているところに数を書きましょう。

□ (2) yをxの式で表しましょう。

□ 5 点O（オー）が対称（たいしょう）の中心になるように，点対称な図形をかきましょう。

復習P048

対応する2つの点を結ぶ直線は，対称の中心を通るね。

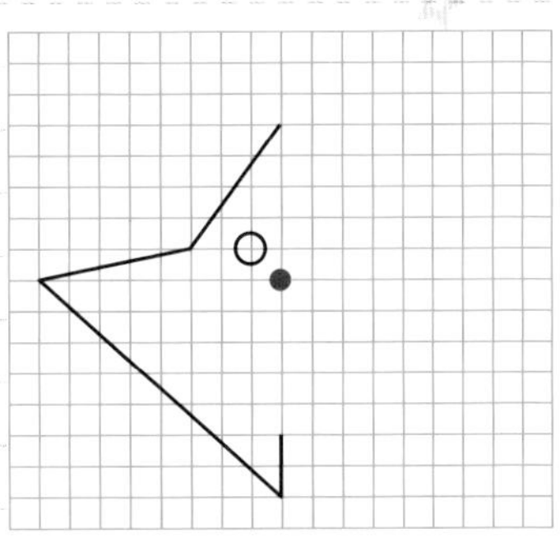

6 底面が半径9cmの円で，高さが10cmの円柱があります。次の問題に答えましょう。円周率は3.14とします。

□ (1) 底面の円の面積を求めましょう。

復習P052

□ (2) 円柱の体積を求めましょう。

復習P056

円の面積や円柱の体積は，それぞれ公式を使って求められるわね。

プチ休けい
ミルクティーでひと休み★

比を使ったおいしいミルクティーの入れ方と，ミルクティーに合うおかしのレシピをしょうかいするぞ。

おいしいミルクティーの入れ方★

～用意するもの～

☆ティーカップ1ぱい分☆

紅茶…100mL

ミルク…50mL

砂糖…お好みで

～入れ方～

❶こいめの紅茶を，100mLつくる。

❷ミルクを温める。
(少し温めるくらいでOK)

❸紅茶に，温めたミルクを入れる。

☆お好みで，砂糖を入れてね☆

ミルクティーには…スコーンが合いそう。つくってみよう！

スコーンのつくり方★

～材料(8個分)～

ホットケーキミックス…150g

バター…50g

牛乳…50mL

チョコレート…1枚

～つくり方～

❶ホットケーキミックスに，レンジでとかしたバターを入れて混ぜる。

❷❶に牛乳を入れてよく混ぜ，くだいたチョコレートを入れる。

❸生地をこねたあと，8等分して，トースターで4分ほど焼く。

カラダの中も学ぶぞ。
自分を知るいい機会だ！
レッツゴー！！

1 ものの燃え方①

ものが燃え続けるために必要な条件をおさえよう。

① ものが燃え続けるための条件

- ろうそくなどの燃えるものがある。
- 新しい空気に入れかわる。

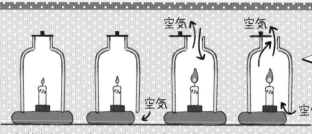

空気
空気
空気
空気
火が消える。
火が消える。
燃え続ける。
よく燃え続ける。
火がすぐに消えてしまうびんがあるんだね。

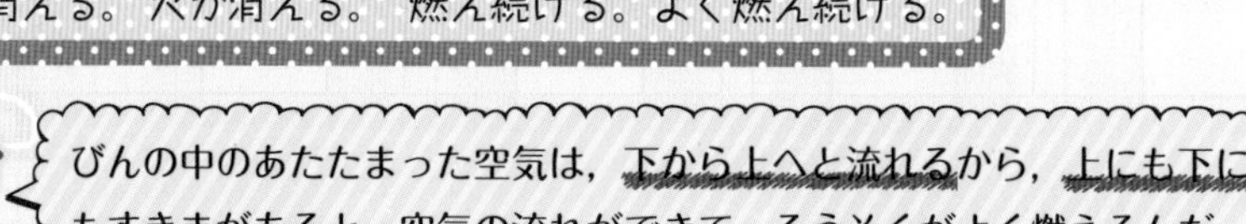

びんの中のあたたまった空気は，下から上へと流れるから，上にも下にもすきまがあると，空気の流れができて，ろうそくがよく燃えるんだ。

② ものを燃やす気体

- 空気は，ちっ素，酸素，二酸化炭素などの気体でできている。
- 酸素にはものを燃やすはたらきがある。

酸素中では，ろうそくがはげしく燃えるのね。

酸素
はげしく燃える。

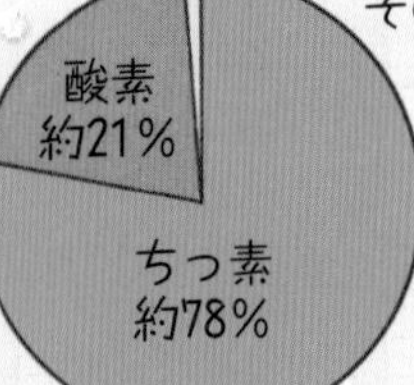

空気中の気体の体積の割合（わりあい）
二酸化炭素など その他の気体
酸素 約21％
ちっ素 約78％

ろうそくが燃えるためには，酸素が必要だ。ちっ素や二酸化炭素では，ろうそくは燃えないんだ。

Let's TRY 練習問題

練習問題の答えは次のページにあります。

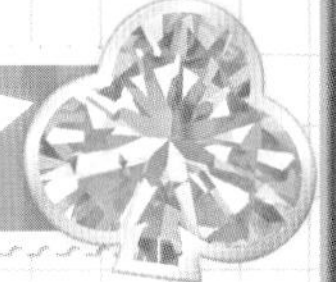

1 次の文の空（くう）らんにあてはまる言葉を書きましょう。

(1) 空気は，体積の約７８％が［　　　　］，約２１％が酸素でできている。

空気には少量の二酸化炭素などもふくまれているんだ。

(2) ものを燃やすためには，空気中の気体のうち［　　　　］が必要である。

2 下の図のようにして，ろうそくの燃え方を調べました。次の問題に答えましょう。

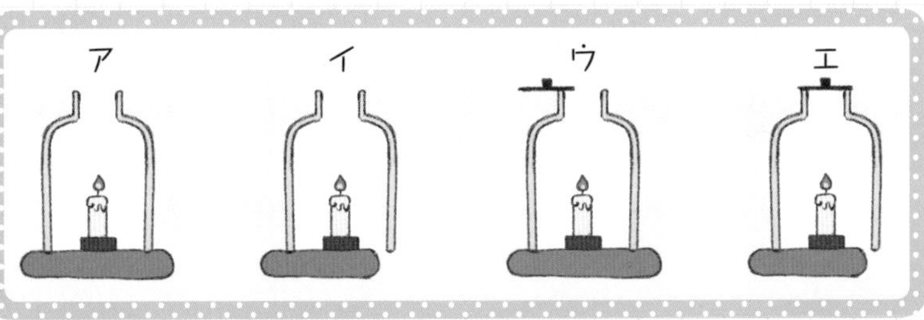

(1) ろうそくの火が最もはやく消えるものを，ア～エから１つ選びましょう。［　　］

(2) ろうそくが最もよく燃えるものを，ア～エから１つ選びましょう。［　　］

ろうそくを燃やし続けるためには，どうすればいいの～？ルナ～？

空気の通り道をつくり，集気びんの中に新しい空気が入るようにすればいいよ。

2 ものの燃え方②

ものを燃やしたあとの空気中の気体の変化をおさえよう。

① ものが燃えるときの空気の変化

- ろうそくが燃えると空気中の**酸素**が減る。
- ろうそくが燃えると**二酸化炭素**が増える。

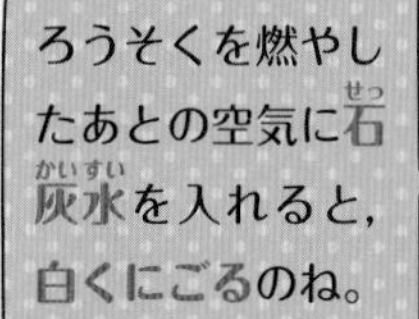

ろうそくを燃やしたあとの空気に石灰水を入れると，白くにごるのね。

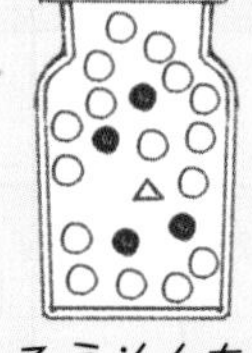

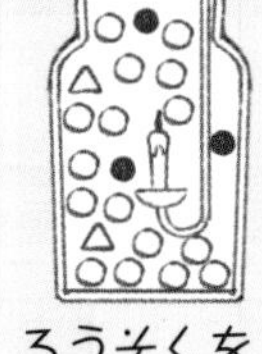

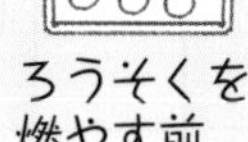

○ ちっ素
● 酸素
△ 二酸化炭素

ろうそくを燃やす前　　ろうそくを燃やしたあと

二酸化炭素があると，石灰水は白くにごるのよ。

② 気体検知管の使い方

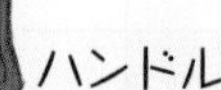

気体検知管を使うと，酸素や二酸化炭素がどれくらいあるかを調べることができるんだよね。

1. チップホルダで検知管の両はしを折りとり，カバーゴムをつける。
2. 検知管を矢印の向きに気体採取器にとりつける。
3. 気体採取器のハンドルを引いて，気体をとりこむ。
4. 決められた時間まで待って，目盛りを読む。

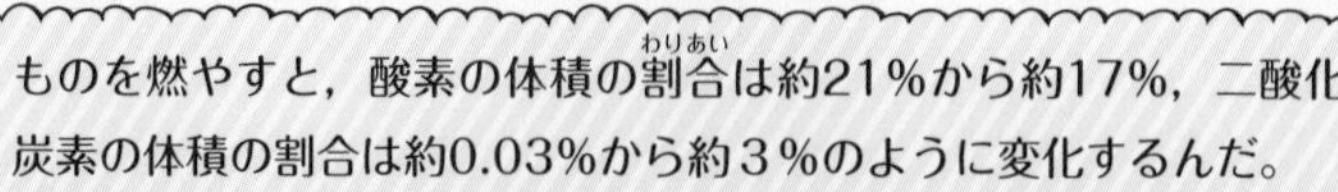

ものを燃やすと，酸素の体積の割合は約21％から約17％，二酸化炭素の体積の割合は約0.03％から約３％のように変化するんだ。

練習問題の答え　1(1)ちっ素　(2)酸素　2(1)エ　(2)イ

Let's TRY 練習問題

1 右の図のような装置(そうち)で，ろうそくを燃やしました。次の問題に答えましょう。

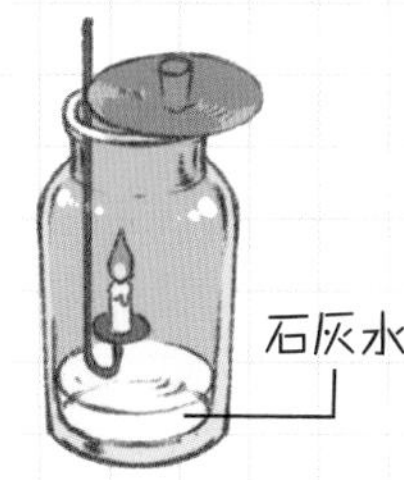

(1) ろうそくの火が消えたらとり出し，集気びんを軽くふると，石灰水はどうなりますか。

(2) ろうそくを燃やしたあとの集気びんには，何という気体ができていますか。

ルナ，石灰水は，どういうときに使うの？
二酸化炭素があるかどうかを調べるときに使うよ。

2 次のア～エを，気体検知管を使う順に並(なら)べましょう。

ア 気体検知管を，気体採取器にさしこむ。

イ 気体採取器のハンドルを引き，気体をとりこむ。

ウ チップホルダで検知管の両はしを折りとり，カバーゴムをつける。

エ 決められた時間まで待って，目盛りを読む。

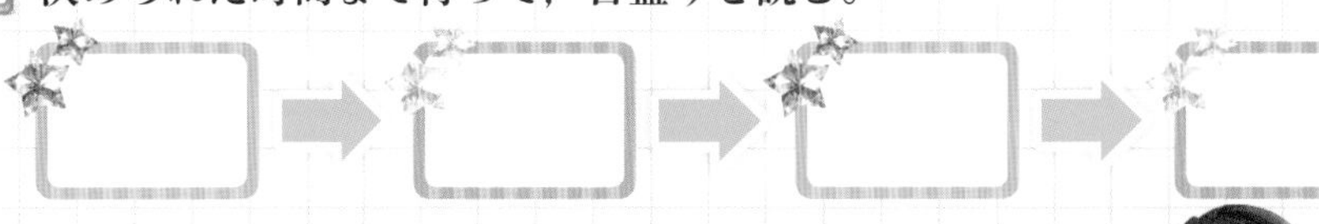

これだけはおさえて！

ものが燃えると，空気中の酸素が減って二酸化炭素が増えるんだ。

空気中のちっ素の割合は変化しないんだ。

3 植物のからだのはたらき①

植物の成長と日光の関わりについておさえよう。

① 植物の成長と日光の関わり

植物の葉に日光が当たると，葉に養分（でんぷん）ができる。

夕方	アルミニウムはくで葉をおおう。		
次の日	でんぷんがあるか調べる。 ↓ でんぷんはない。	日光を当てる。 4～5時間後  でんぷんがあるか調べる。 ↓ でんぷんがある。	 でんぷんがあるか調べる。 ↓  でんぷんはない。

大切！ 葉に日光が当たると，でんぷんができるけど，日光が当たらない葉にはでんぷんはできないんだ。植物がでんぷんをつくるためには日光が必要だな。

アルミニウムはくでおおったままの葉には，でんぷんはできないのね。

② 葉のでんぷんの調べ方

①葉がやわらかくなるように，湯でにる。

②葉を水で冷ます。

③葉をヨウ素液につける。

でんぷんがあるかどうかは，**ヨウ素液**で調べるんだね。でんぷんがあるときは，青むらさき色に変化するんだよ。

練習問題の答え　1(1)白くにごる。　(2)二酸化炭素　2ウ→ア→イ→エ

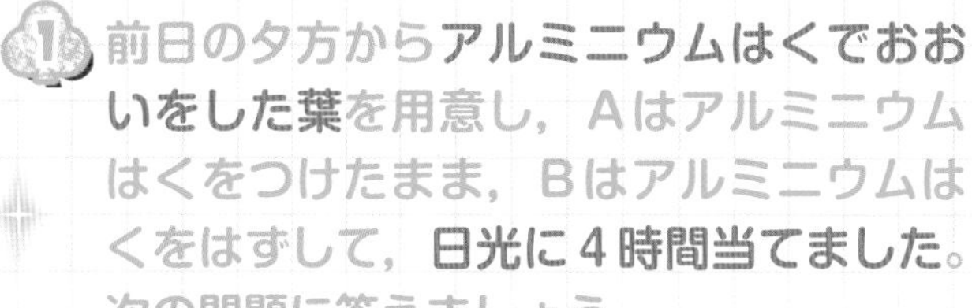

1 前日の夕方からアルミニウムはくでおおいをした葉を用意し，Aはアルミニウムはくをつけたまま，Bはアルミニウムはくをはずして，日光に4時間当てました。次の問題に答えましょう。

(1) 実験のあと，でんぷんができたのは，A，Bどちらの葉ですか。

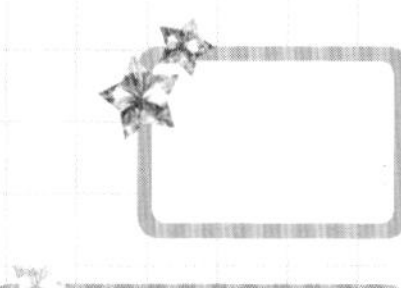

(2) 実験から，葉にでんぷんがつくられるためには何が必要であることがわかりますか。

ルナ～，なんで葉におおいをするの？

おおいをすると，葉に日光が当たらないんだよ。

2 でんぷんがあるかどうかを調べる方法について，次の問題に答えましょう。

(1) 葉にでんぷんがあるかどうかを確かめる薬品を何といいますか。

(2) でんぷんがあるとき，(1)の色は何色に変わりますか。

これだけはおさえて！

植物の葉に日光が当たると，葉にでんぷんができるんだ。

葉にできたでんぷんは，植物の成長に使われるんだ。

4 植物のからだのはたらき②

植物の根からとり入れた水のゆくえをおさえよう。

① 植物の水の通り道

- 水は根からくき，葉へと運ばれていく。
- 根，くき，葉には水の通り道がある。

根がついたままのホウセンカを色水につけると，水の通り道を観察することができるのね。

赤くなったところが，水の通り道だ。水は決まった通り道を通って，植物のからだ全体に運ばれるんだ。

② 葉に運ばれた水のゆくえ

- 水が葉から水蒸気（すいじょうき）となって出ていくことを蒸散（じょうさん）という。
- 葉にある水蒸気が出ていくあなを気孔（きこう）という。

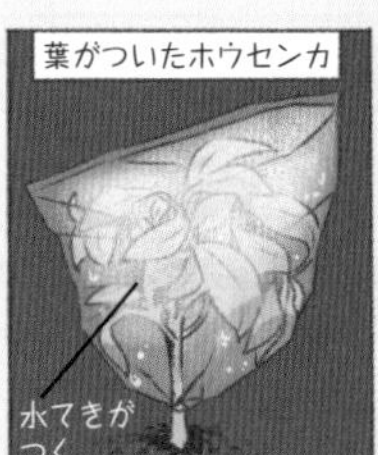

葉がついたホウセンカにふくろをかぶせておくと，水てきがつくんだね。葉がないと水てきはつかないんだ！

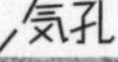

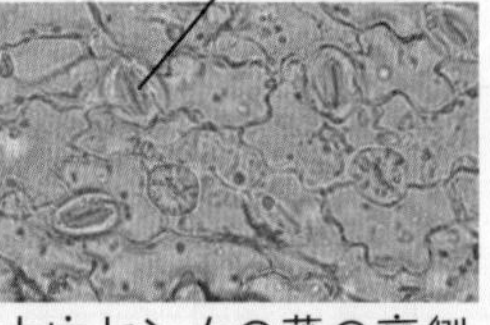

ホウセンカの葉の裏側

大切！

葉の裏側（うらがわ）のうすい皮をけんび鏡で見ると，水蒸気が出ていく小さなあながたくさんあるんだ。

練習問題の答え　1 (1) B　(2) 日光　2 (1) ヨウ素液　(2) 青むらさき色

Let's TRY 練習問題

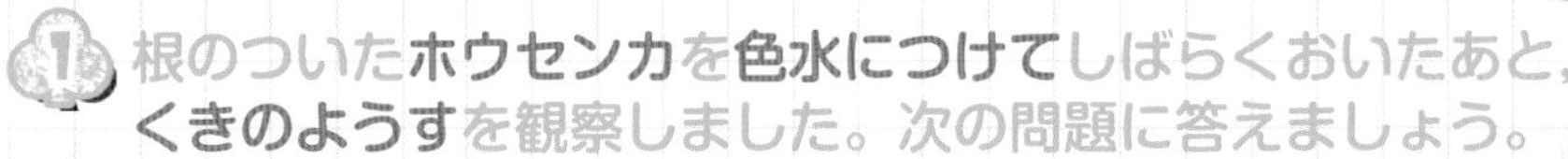

1 根のついたホウセンカを色水につけてしばらくおいたあと，くきのようすを観察しました。次の問題に答えましょう。

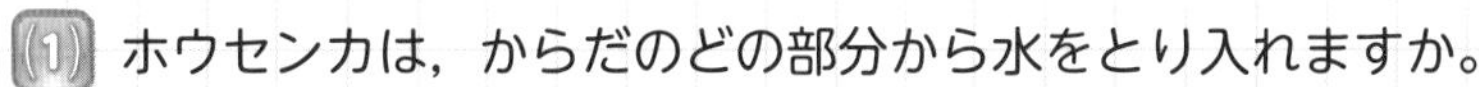

(1) ホウセンカは，からだのどの部分から水をとり入れますか。

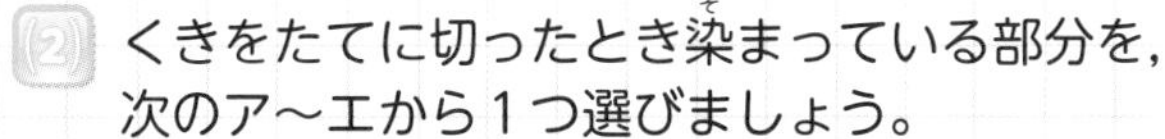

(2) くきをたてに切ったとき染（そ）まっている部分を，次のア～エから１つ選びましょう。

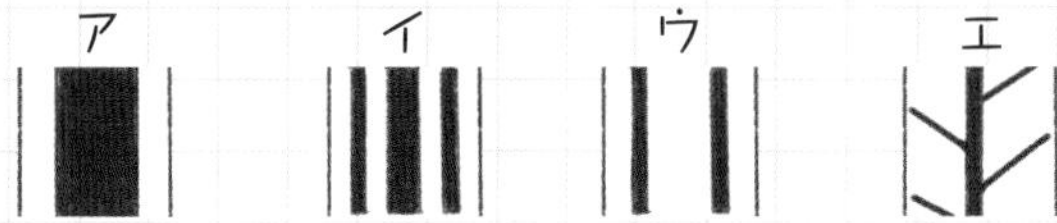

ホウセンカのくきでは，水の通り道は輪のように並（なら）んでいるんだ。

2 次の問題に答えましょう。

(1) 葉から水が水蒸気となって出ていくことを何といいますか。

(2) 葉の裏側に多くある，水蒸気が出ていく小さなあなを何といいますか。

5 動物のからだのはたらき①

動物が食べ物をとり入れるしくみをおさえよう。

① 食べ物が通る道すじ

口からこう門までの食べ物の通り道を消化管という。

食べ物は，口から入って，食道，胃，小腸，大腸，こう門の順に通っていくんだね。

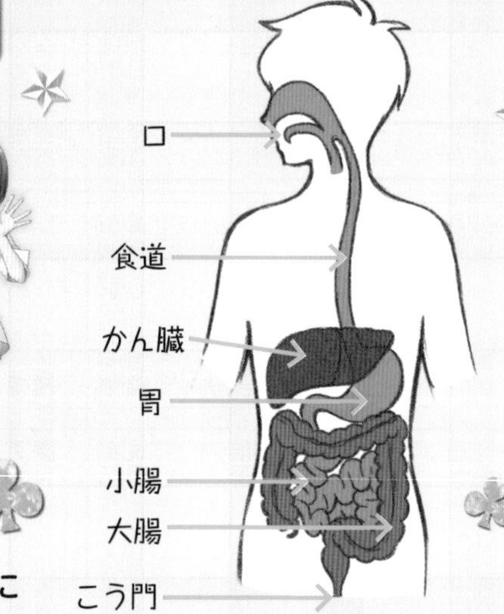

② 消化のはたらき

食べ物をからだに吸収されやすい養分に変えるはたらきを消化という。

だ液や胃液のような消化に関わる液を消化液という。

リク先生！でんぷんにヨウ素液をつけると，青むらさき色に変わるんだよね。

大切！ そうだ。実験から，だ液によって，でんぷんが別のものに変化したことがわかるな。

練習問題の答え　1 (1)根　(2)ウ　2 (1)蒸散　(2)気孔

Let's TRY 練習問題

1 次の問題に答えましょう。

(1) 口からこう門までの，食べ物の通り道を何といいますか。

(2) 下の食べ物の通り道のうち，ア，イにあてはまる臓器(ぞうき)の名前を書きましょう。

ア　　イ

2 図のように，アの試験管にはうすいでんぷん液と水を，イの試験管にはうすいでんぷん液とだ液を入れ，約40℃の湯にしばらくつけておきました。次の問題に答えましょう。

約40℃の湯

(1) ヨウ素液を入れても，青むらさき色に変化しないのは，ア，イどちらの試験管ですか。

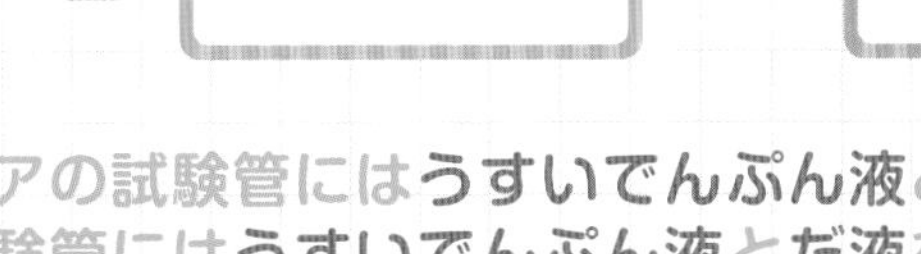

え～っと，でんぷんがないほうの試験管だよね・・・？
そうだな。だ液はでんぷんを別のものに変化させるはたらきがあるんだ。

(2) だ液のように，食べ物をからだに吸収しやすいものに変化させるはたらきをする液を何といいますか。

6 動物のからだのはたらき②

動物の呼吸と，血液のはたらきをおさえよう。

① 呼吸のはたらき

空気中の酸素をとり入れ，二酸化炭素を出すことを呼吸という。

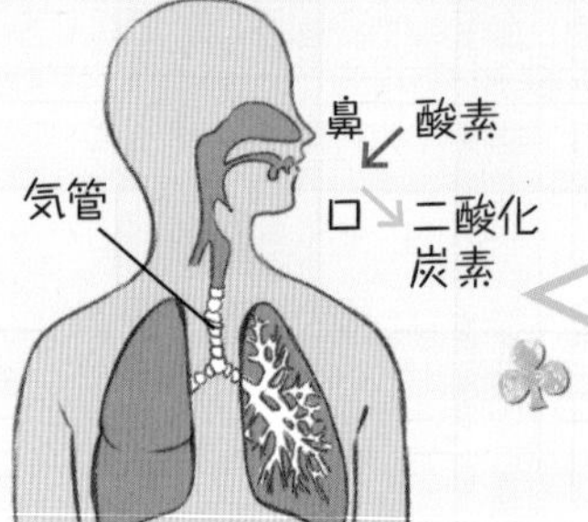

鼻や口から入った空気は気管を通って肺に入り，肺に入った空気は気管を通って鼻や口から出されるんだね。

肺で，酸素が血液中にとり入れられ，血液中の二酸化炭素が出されるんだ。

② 血液のはたらき

血液は，酸素や二酸化炭素，養分などを運ぶはたらきをする。

血液は心臓のはたらきで全身に送られる。

からだのすみずみにまで，血管がはりめぐらされているんだ。

本当ね。この血管を流れる血液が，全身に酸素や養分を運ぶんだね。

大切！ 心臓の動きによって全身に血液を送り出しているんだ。心臓の動きをはく動，それによって起こる血管の動きを脈はくというんだ。

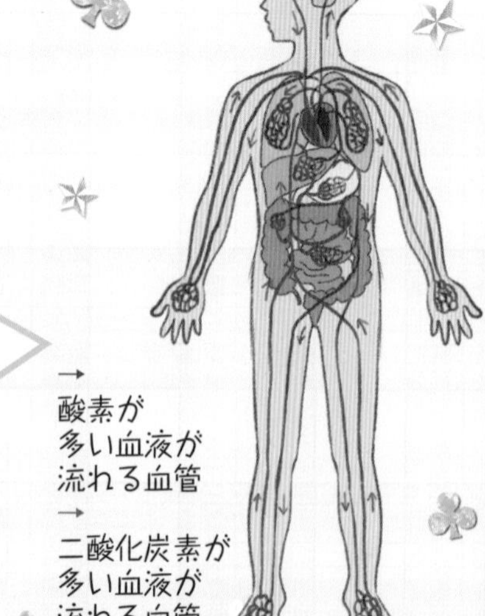

練習問題の答え　1 (1)消化管　(2)ア 胃　イ 小腸　2 (1)イ　(2)消化液

Let's TRY 練習問題

1 次の問題に答えましょう。

(1) ヒトのからだの中で，酸素と二酸化炭素の交かんを行っているところを何といいますか。

(2) (1)を通ったあとの血液中に多くふくまれる気体を，次のア～ウから１つ選びましょう。

ア 酸素　　イ ちっ素　　ウ 二酸化炭素

吸(す)った空気とはいた空気って，どうちがうのかな？

2 心臓のはたらきについて，次の問題に答えましょう。

(1) 心臓は何を全身に送り出すはたらきをしていますか。

(2) 心臓が(1)を送り出すための規則正しい動きを何といいますか。

これだけはおさえて！

心臓のはたらきで血液は全身をめぐり，酸素や二酸化炭素，養分などを運ぶんだ。

好きな人を見てドキドキするのは，心臓がはげしく「はく動」しているときなんだね。

7 生き物どうしのつながり

生き物とまわりの環境の関わりをおさえよう。

① 生き物どうしの関わり

生き物どうしの「食べる・食べられる」の関係のつながりを食物れんさという。

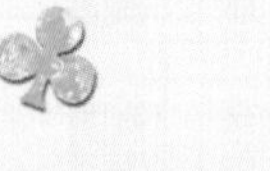

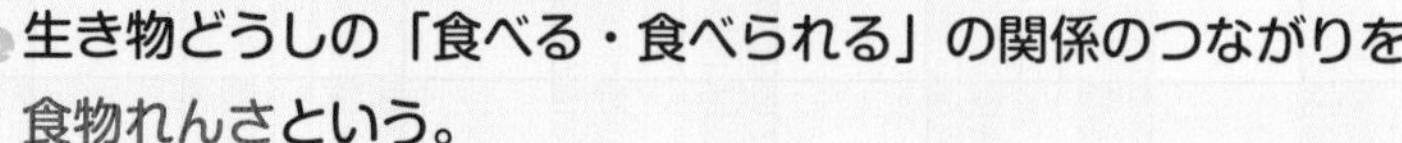

植物は自分で養分をつくるけど，動物は植物や，ほかの動物を食べて養分をとり入れるんだ。

水の中のメダカなどの魚は，ミジンコのように小さな生き物を食べているのよね。

② 生き物と空気のつながり

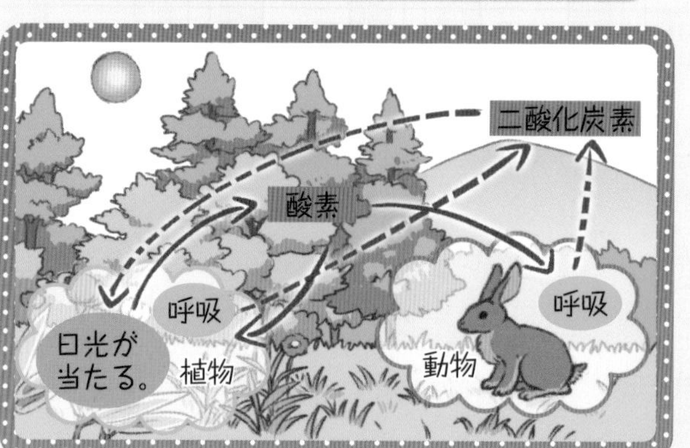

植物は日光が当たると二酸化炭素をとり入れ，酸素を出してでんぷんをつくるぞ。植物も動物も呼吸を行っていて，酸素をとり入れ，二酸化炭素を出すんだ。

練習問題の答え　1 (1)肺　(2)ア　2 (1)血液　(2)はく動

Let's TRY 練習問題

1 生き物どうしの関わりについて，次の問題に答えましょう。

(1) 次のア～ウの生き物を，食べられるものから食べるものの順に並べましょう。

ア 草 イ カマキリ ウ バッタ

(2) 生き物どうしの「食べる・食べられる」の関係を，何といいますか。

2 生き物と空気のつながりについて，次の問題に答えましょう。

(1) 生き物が，酸素をとり入れ二酸化炭素を出すはたらきを何といいますか。

(2) 日光が当たると，植物が空気中に出す気体は何ですか。

これだけはおさえて！

植物は，日光が当たると**二酸化炭素**をとり入れ，**酸素**を出すんだ。

リク先生は草食系ですよね？

どっちだろうな…。フフフ。

月と太陽①

月と太陽の位置関係と月の見え方についておさえよう。

月の見え方と月の形の変化

月は日光が当たっている部分だけ光って見える。

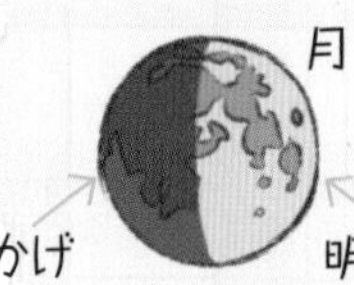
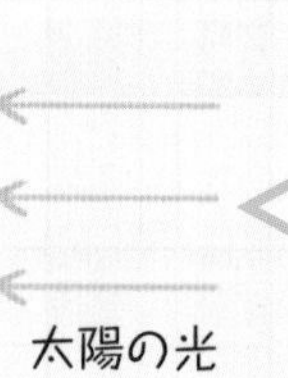

地球からは，月の太陽の光が当たっている部分だけが見える。かげになっている部分は見ることができないんだ。

月が光って見える側に，太陽があるんだね！

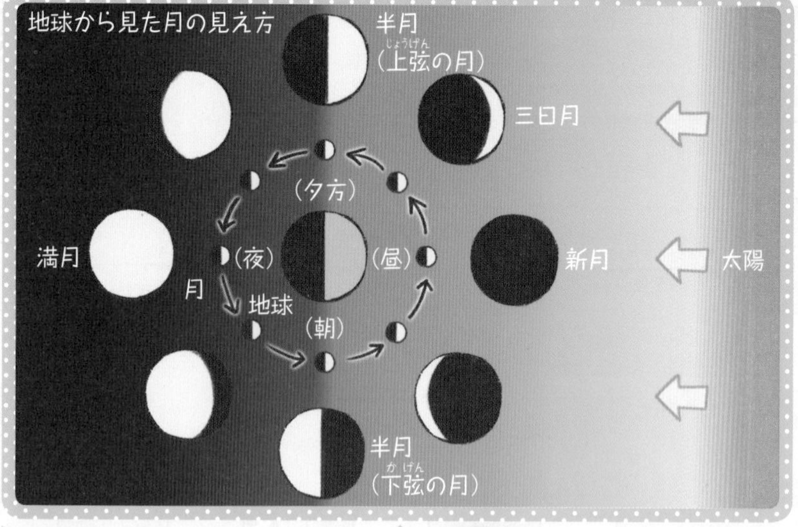

月と太陽の位置関係が変わると，月への光の当たり方が変わるから，月の見え方も変わるんだね。

大切！

月の見え方は，約1か月でもとの形にもどるんだ。

練習問題の答え　1(1)ア→ウ→イ　(2)食物れんさ　2(1)呼吸　(2)酸素

練習問題

1 月の見え方について，次の問題に答えましょう。

(1) 月の左半分が光って見えるとき，太陽は月の右側，左側のどちらにありますか。

月の左半分が光って見えるってことは・・・？

月に太陽の光が当たった部分だけが見えるから，月が光って見える側に太陽があるんだね。

(2) １日中，月が見えないとき，月は太陽の方向，太陽の反対の方向のどちらにありますか。

2 下の図は，月と太陽の位置関係を表しています。次の問題に答えましょう。

(1) 満月が見えるのは，月が図のどの位置にあるときですか。ア〜オから１つ選びましょう。

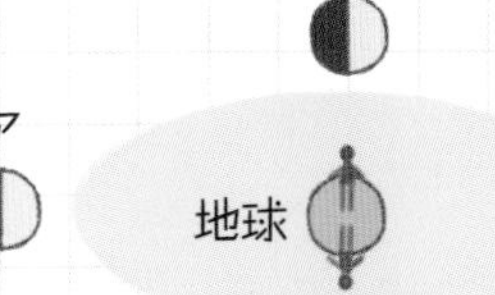

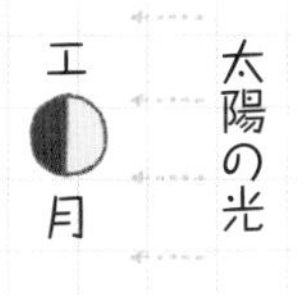

(2) 月の形が満月から次の満月まで変わるのに，およそどれくらいかかりますか。

月と太陽②

月と太陽の特ちょうについておさえよう。

① 月のようす

形	丸（球形）
表面のようす	岩石や砂（すな）が一面に広がっている。
光り方	太陽の光を反射（はんしゃ）して光っている。

くぼみがあるんだね。暗く見える部分もあるんだ。

くぼみはクレーターだ。石や岩がぶつかってできたと考えられているんだ。暗く見える部分は「海」とよばれているんだ。

② 太陽のようす

形	丸（球形）
表面のようす	強い光と熱を出している。
光り方	自分で光を出して光っている。

太陽の光や熱は，地球に届（とど）いて地球の表面をあたためて，空気や水をじゅんかんさせているのね。

太陽は生き物にとってなくてはならないものなんだ。オレにとってなくてはならないものは…。

練習問題の答え　1 (1)左側　(2)太陽の方向　2 (1)ア　(2)およそ１か月

Let's TRY 練習問題

1 次の(1)～(3)について，**月**にだけあてはまるものには○，**太陽**にだけあてはまるものには△，**月と太陽の両方**にあてはまるものには◎を書きましょう。

(1) 形は球形をしている。

(2) たえず強い光を出している。

(3) 表面が岩石や砂でおおわれている。

月は日によって見え方が変わるけど，本当はどんな形をしているのかな？

月は太陽の光を反射して光っているから，光の当たり方によって形が変化して見えるんだよ。

2 **月**の表面にある，**円形のくぼみ**を何といいますか。

これだけはおさえて！

自分で光を出しているのが太陽，太陽の光を反射して光っているのが月だ。

月にウサギはいないのね・・・。
どうかな～・・・。

10 水よう液の性質①

水よう液をリトマス紙につけたときの変化についておさえよう。

① 水よう液の性質

水よう液は，リトマス紙の色の変化によって，酸性，中性，アルカリ性に分けることができる。

ガラス棒(ぼう)で，水よう液をリトマス紙につけて色の変化を調べるんだね。

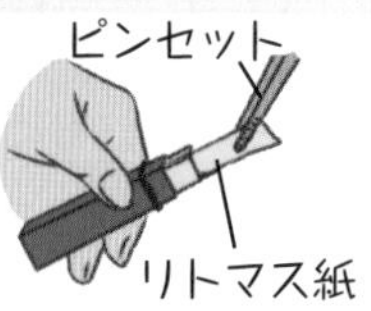

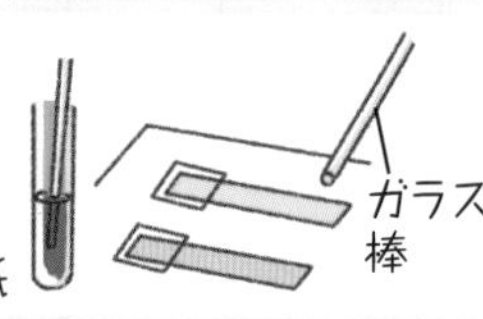

リトマス紙はピンセットでとり出して使う。水よう液をつけたガラス棒は，水よう液が混ざらないように１回ごとに水で洗(あら)うんだ。

	酸性	中性	アルカリ性
青色リトマス紙	赤色に変わる。	色は変わらない。	色は変わらない。
赤色リトマス紙	色は変わらない。	色は変わらない。	青色に変わる。

② 水よう液のなかま分け

酸性	中性	アルカリ性
塩酸	水	水酸化ナトリウムの水よう液
す	食塩水	アンモニア水
炭酸水	砂糖(さとう)水	石灰水(せっかいすい)

塩酸はトイレ用の洗(せん)ざいなどに，**水酸化ナトリウムの水よう液**ははい水パイプ用の洗ざいなどにふくまれているんだ。

練習問題の答え　1(1)◎　(2)△　(3)○　2クレーター

練習問題

1 リトマス紙について，次の問題に答えましょう。

(1) リトマス紙を使うと，水よう液はいくつのなかまに分けることができますか。

リトマス紙はどうやって使うんだったかな？

赤色と青色のリトマス紙があるんだよね。ガラス棒で水よう液をつけて，色の変化を見るのよ。

(2) 青色のリトマス紙を赤色に変化させるのは，何性の水よう液ですか。

2 下のA～Cの3つの水よう液について，次の問題に答えましょう。

A 炭酸水　B 砂糖水　C 石灰水

(1) 赤色のリトマス紙につけると，青色に変化する水よう液を，A～Cから1つ選びましょう。

(2) 赤色，青色どちらのリトマス紙につけても色が変化しない水よう液を，A～Cから1つ選びましょう。

これだけはおさえて！

水よう液は，酸性，中性，アルカリ性に分けることができるんだ。

リトマス紙の色の変化から，水よう液の性質を調べることができるんだ。

11 水よう液の性質②

水よう液にとけているものについておさえよう。

① 水よう液にとけているもの

水よう液には固体がとけたものや気体がとけたものがある。

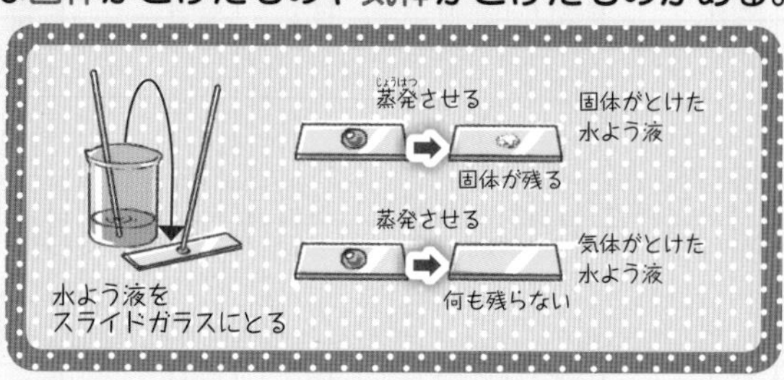

食塩水や**石灰水**は**固体**がとけた水よう液，**塩酸**や**炭酸水**，**アンモニア水**は**気体**がとけた水よう液だ。

② 金属をとかす水よう液

水よう液には金属をとかし，別のものに変えるものがある。

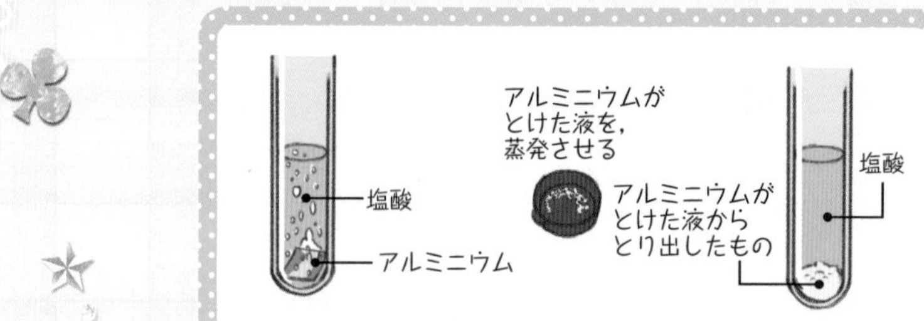

塩酸にアルミニウムを入れると，とけちゃうんだね。

大切！ 塩酸に鉄を入れてもあわを出してとけ，別のものに変わるんだ。水酸化ナトリウムの水よう液にアルミニウムを入れると，あわを出してとけるが，鉄はとけないんだ。

練習問題の答え 1(1) 3つ (2) 酸性 2(1) C (2) B

練習問題

1 下のA～Cの３つの**水よう液**について，次の問題に答えましょう。

A　炭酸水　　B　食塩水　　C　石灰水

(1) スライドガラスに少量の水よう液をとり蒸発させたとき，何も残らないものを，A～Cから１つ選びましょう。

蒸発させると，何が出てくるのかな？

水よう液にとけていたものが出てくるのよ。**炭酸水**には**二酸化炭素**が，**食塩水**には**食塩**が，**石灰水**には**水酸化カルシウム**がとけているんだよ。

(2) **(1)**の水よう液には，気体と固体のどちらがとけていたといえますか。

2 Aの試験管には**食塩水**と**アルミニウム**を，Bの試験管には**塩酸**と**アルミニウム**を入れました。次の問題に答えましょう。

(1) あわを出してとけるのは，A，Bどちらの試験管に入れたアルミニウムですか。

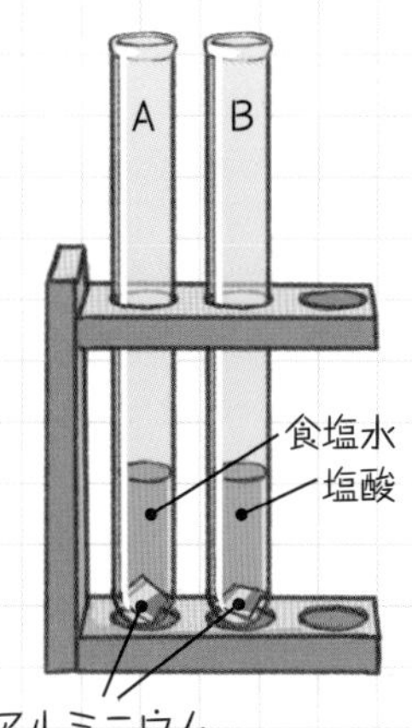

(2) あわを出してとけたほうの試験管の水よう液を蒸発皿に入れ，加熱すると白い固体が出てきました。この固体を塩酸に入れるとどうなりますか。

12 大地のつくりと変化①

大地がどのようにつくられているかをおさえよう。

① 大地のつくり

れき，砂，どろ，火山灰などが層になって積み重なったものを**地層**という。

火山の**ふん火**のときに積もった火山灰の層もあるんだ。

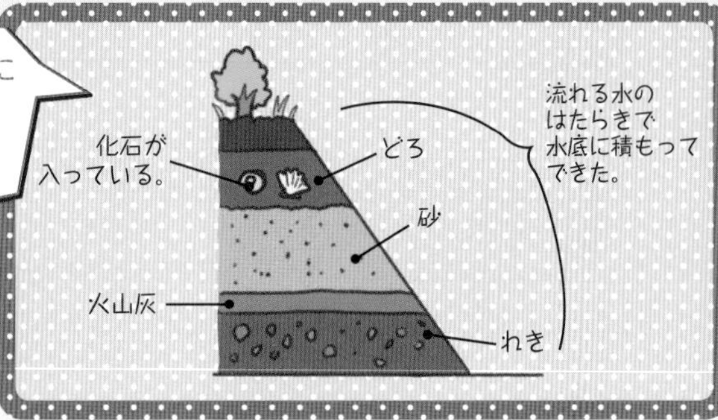

化石が入っている。
どろ
砂
火山灰
れき
流れる水のはたらきで水底に積もってできた。

化石は，大昔の生き物のからだの一部や動物のすみか，足あとなどが残ったものだ。化石を調べると，大昔の生き物のすがたや，生活していた環境，地層ができた時代などがわかるんだ。

② 大地のでき方

流れる水によって運ばれた土は，つぶの大きい**れき**，**砂**，**どろ**の順に**たい積**していくのよ。

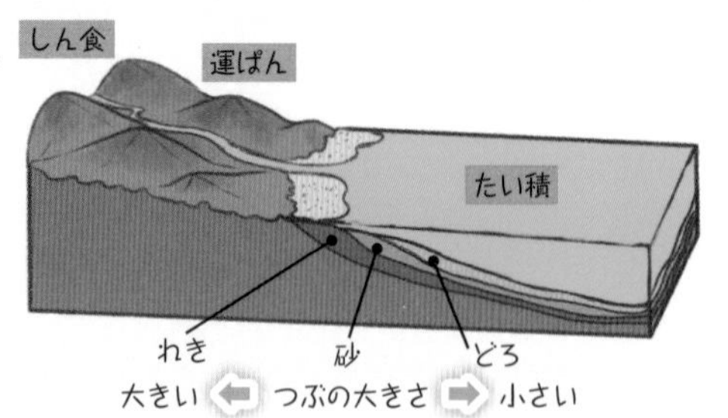

大切！

たい積したれき，砂，どろが長い年月をかけて固まると岩石になる。れきは**れき岩**，砂は**砂岩**，どろは**でい岩**となるんだ。

練習問題の答え　1(1) A　(2)気体　2(1) B　(2)あわを出さずにとける。

Let's TRY
練習問題

次の問題に答えましょう。

1 次の問題に答えましょう。

(1) れきや砂，どろ，火山灰などが層になって積み重なったものを何といいますか。

(2) (1)の中で見つかる，大昔の生き物のからだや，生活のあとが残ったものを何といいますか。

2 地層をつくっているものについて，次の問題に答えましょう。

(1) 流れる水によって運ばれてきた土の中で，最初にたい積するものを，次のア～ウから１つ選びましょう。

ア 砂　　イ どろ　　ウ れき

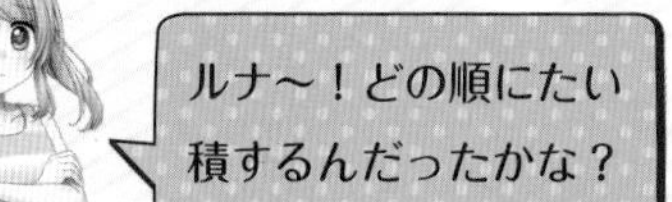
ルナ～！どの順にたい積するんだったかな？

つぶの大きいものから順にたい積するのよ。

(2) どろが固まってできた岩石を何といいますか。

(3) 砂が固まってできた岩石を何といいますか。

これだけはおさえて！

流れる水によって運ばれたれき，砂，どろや，火山のふん火でふり積もった火山灰が層になってたい積して，地層ができるんだ。

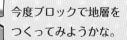

今度ブロックで地層をつくってみようかな。

ルナ，すごいな。地層までブロックでつくれるなんて!!

13 大地のつくりと変化②

火山活動や地震による大地の変化のようすをおさえよう。

① 火山活動による大地の変化

火山がふん火し，火山灰やよう岩がふき出すことで大地のようすが変化する。

火山のふん火で川がせきとめられてできた湖
（神奈川県・芦ノ湖）

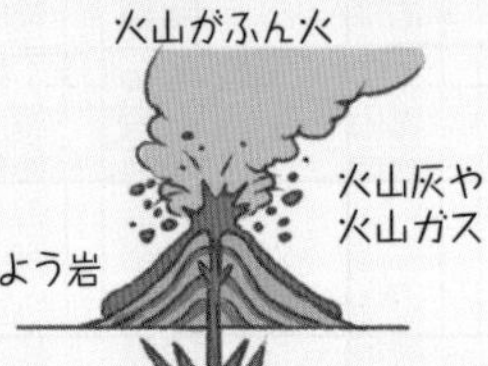

火山のふん火でできたくぼ地
（熊本県・阿蘇山）

火山活動で新しくできた山
（北海道・昭和新山）

火山のふん火によって，大地が大きく変化するんだね。

② 地震による大地の変化

地下で大きな力がはたらき，大地にずれ（断層）が生じると地震が起こり，大地のようすが変化する。

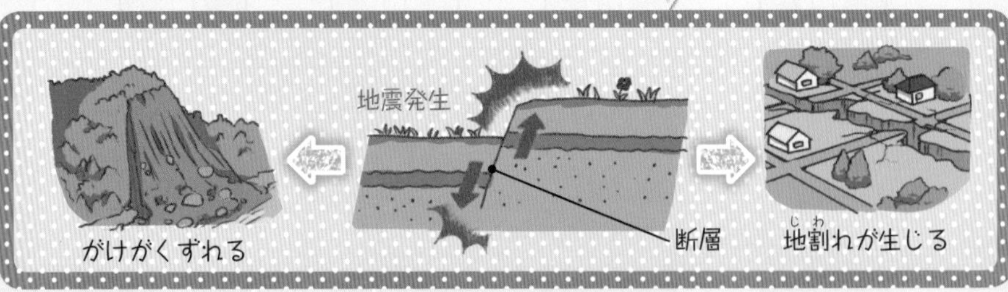

海底で地震が起こると，津波が発生して大きなひ害をもたらすことがあるんだ。

1 次の空(くう)らんにあてはまる言葉を書きましょう。

(1) 火山がふん火すると，火口からどろどろとした熱い

① ［　　　　］が流れ出したり，

② ［　　　　］が広いはんいにふり積もったりする。

(2) 地震の原因となる大地のずれを［　　　　］という。

2 次の文のうち，火山のふん火によって起こるものには○を，地震によって起こるものには△を，どちらにもあてはまらないものには×を書きましょう。

(1) 新しく山ができる。［　　］

(2) 大きなゆれでがけがくずれたり建物がこわれたりする。［　　］

(3) 大雨が降(ふ)ってこう水が起こる。［　　］

(4) 海岸に大きな波がおし寄(よ)せる。［　　］

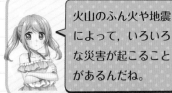

火山のふん火や地震によって，いろいろな災害が起こることがあるんだね。

火山のふん火では，よう岩が流れたり火山灰が積もったりするんだね。地震では大地が大きくゆれるから，それによって，さまざまなひ害が出てくるね。

14 てこのはたらき①

棒(ぼう)**を使ったてこのしくみをおさえよう。**

① てこのはたらき

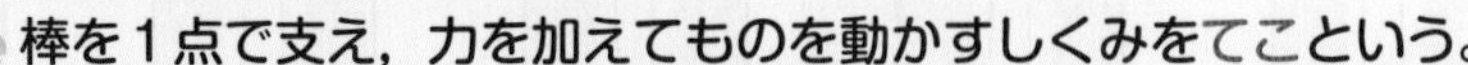

棒を１点で支え，力を加えてものを動かすしくみをてこという。

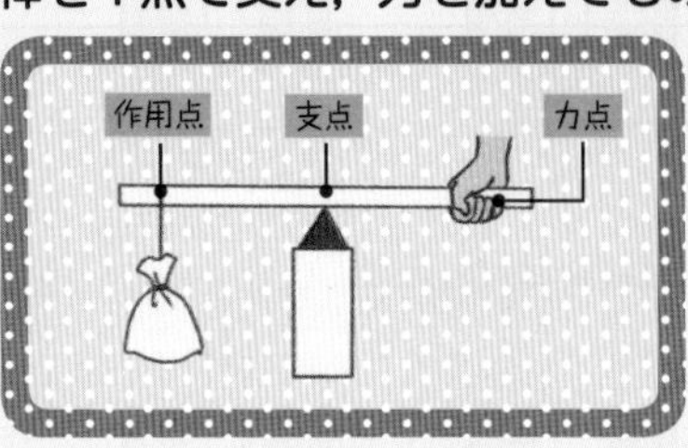

大切！ 棒を支えるところを**支点**，棒に力を加えるところを**力点**，棒からものに力がはたらくところを**作用点**というんだね。

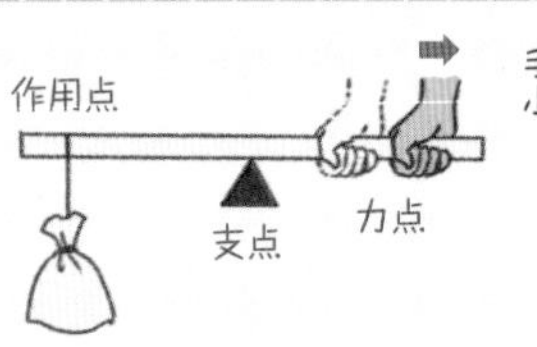

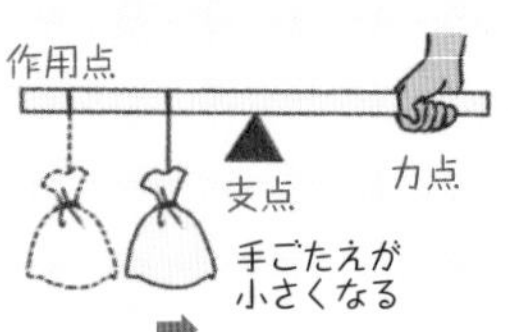

大切！ 力点を支点から遠ざけるほど，作用点を支点に近づけるほど重いものを小さな力で持ち上げることができるんだ。

② てこを利用した道具

支点が中にある道具	作用点が中にある道具	力点が中にある道具
はさみ	せんぬき	トング

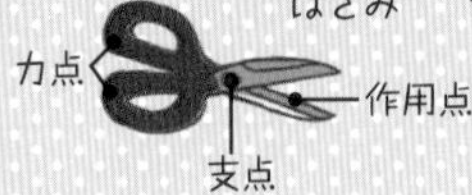

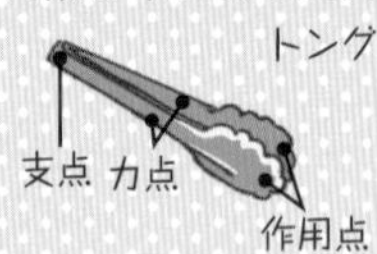

てこを利用した道具っていろいろあるんだね。支点が真ん中にない道具もあるんだ。

力点が中にある道具では，力点を少し動かすだけで，作用点を大きく動かせるんだ。

練習問題の答え　1(1)①よう岩　②火山灰　(2)断層　2(1)○　(2)△　(3)×　(4)△

Let's TRY 練習問題

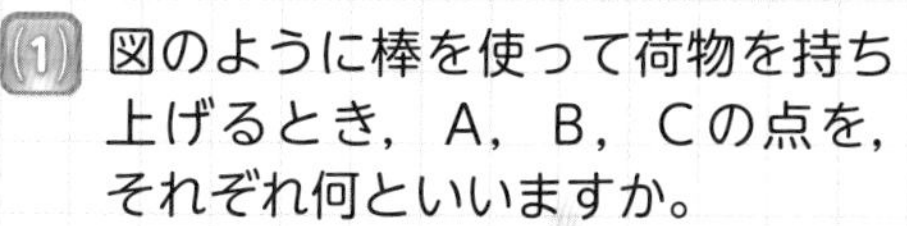

1 てこについて，次の問題に答えましょう。

(1) 図のように棒を使って荷物を持ち上げるとき，A，B，Cの点を，それぞれ何といいますか。

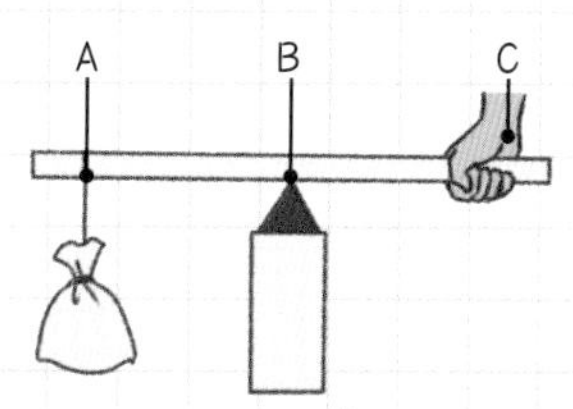
A
B
C

A　　B　　C

(2) (1)のてこの，AとBのきょりを短くすると，荷物を持ち上げるのに必要な力はどうなりますか。

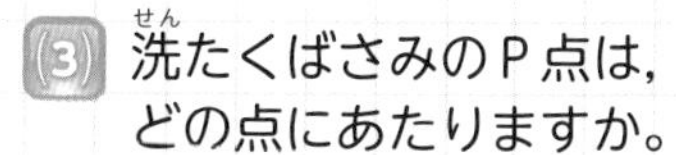
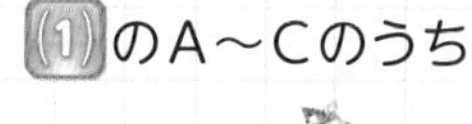

(3) 洗(せん)たくばさみのP点は，(1)のA～Cのうちどの点にあたりますか。

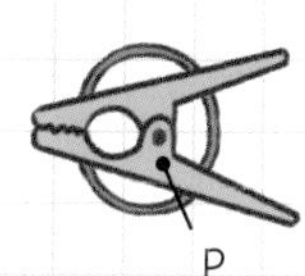
P

P点って何をするところだっけ？
力を入れるところが力点，ものをはさむところが作用点だね。

これだけはおさえて！

てこでは，力点を支点から遠ざけるほど，作用点を支点に近づけるほど，小さな力で重いものを持ち上げることができるんだ。

頭は使いようってことだな。

15 てこのはたらき②

てこのうでがつり合うときの決まりについておさえよう。

① てこのつり合い

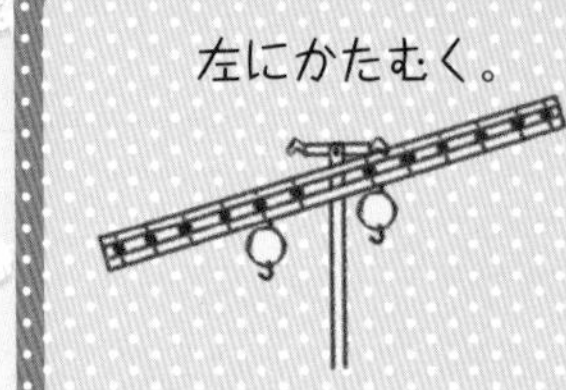

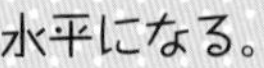
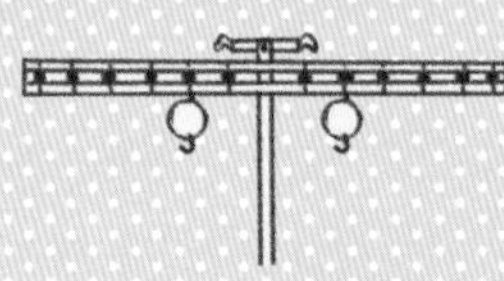

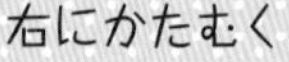

おもりをつるしたうでが水平になっているとき，**てこがつり合っている**というんだね。

② てこをかたむけるはたらき

てこをかたむけるはたらきは，「おもりの重さ×支点からのきょり」で表すことができる。

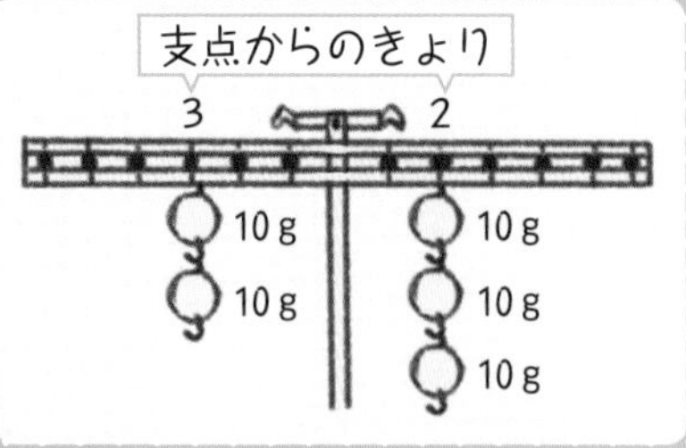

てこをかたむけるはたらきは，
左うでは**20×3＝60**
右うでは**30×2＝60**
左うでと右うでのてこをかたむけるはたらきが同じ大きさだね。

てこがつり合うときの決まり

左うでのおもりの重さ	×	左うでの支点からのきょり（目盛りの数）	＝	右うでのおもりの重さ	×	右うでの支点からのきょり（目盛りの数）

大切！ 左右のうでのてこをかたむけるはたらきが同じになると，てこがつり合うんだ。

練習問題の答え　1(1)A　作用点　B　支点　C　力点　(2)小さくなる。　(3)B

Let's TRY 練習問題

1 実験用の**てこ**に，図のように**おもり**をつるしました。次の問題に答えましょう。

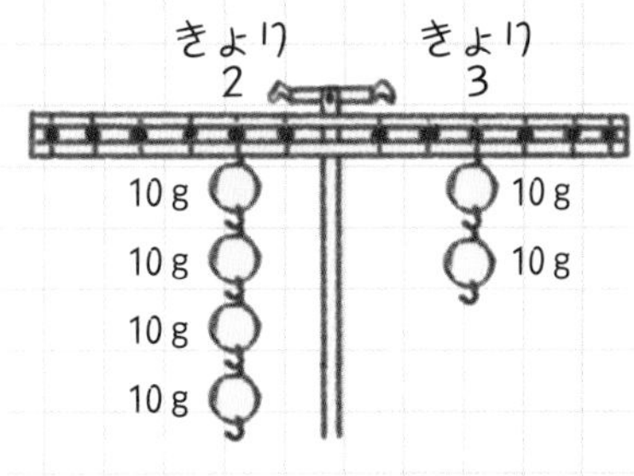

きょり 2
きょり 3
10 g
10 g
10 g
10 g
10 g
10 g

(1) 左のうでのてこをかたむけるはたらきを求めましょう。

(2) 右のうでのてこをかたむけるはたらきを求めましょう。

ル，ルナ～。うでをかたむけるはたらきはどうやって求めればいいの？

難しくないよ。「おもりの重さ×支点からのきょり」を計算すればいいだけだよ。

(3) 図のようにおもりをつるしたときのてこのようすを，次のア～ウから１つ選びましょう。

ア 右にかたむく　イ 左にかたむく　ウ つり合う

かたむけるはたらきが大きいほうに，てこはかたむく。
左右のはたらきが同じときはつり合うんだ。
オレの心はもうだれにもかたむかない…。

2 右の図のように，実験用の**てこ**の**左のうで**に**おもり**をつけました。このてこをつり合わせるためには，**右のうで**の**きょり６**の位置に何gのおもりをつければよいですか。

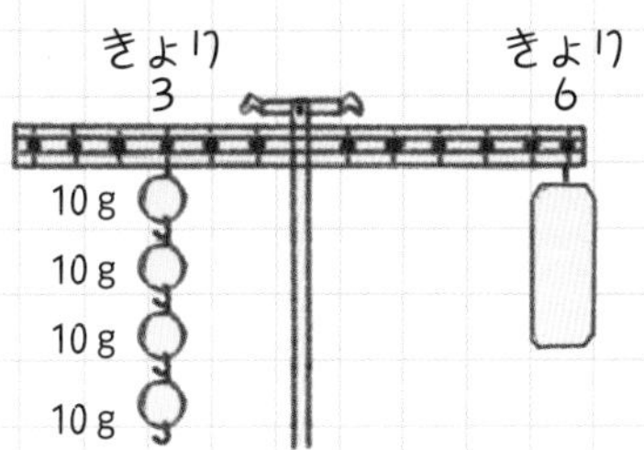

きょり 3
きょり 6
10 g
10 g
10 g
10 g

g

16 発電と電気の利用①

電気がどのようにつくられ，利用されているのかをおさえよう。

① 電気をつくる

電気をつくることを**発電**という。

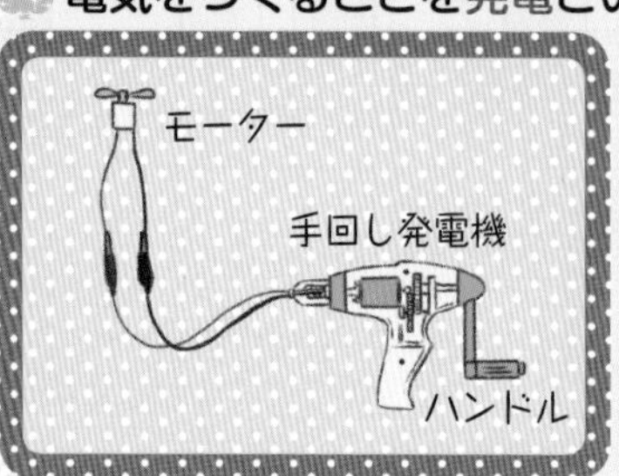

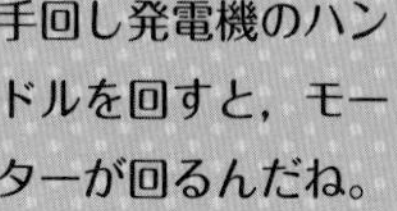

手回し発電機で，**電気をつくる**ことができる。ハンドルを回す向きや速さを変えると，**電流の向きや大きさを変える**ことができるんだ。

ハンドルの回し方	モーター
ゆっくり回す	回る
速く回す	速く回る
反対に回す	反対に回る

② 電気をためる

コンデンサーを使うと，手回し発電機で発電した**電気をたくわえて**使うことができる。

手回し発電機のハンドルを回す回数が多いほど，たくさんの電気をたくわえることができるのね。

豆電球と発光ダイオードでは，**発光ダイオードのほうが使う電気の量が少ない**んだ。

練習問題の答え　1 (1)80　(2)60　(3)イ　2 20

Let's TRY 練習問題

1 次の問題に答えましょう。

(1) 手回し発電機にモーターをつなぎ，ハンドルを回しました。モーターはどうなりますか。

(2) (1)と反対向きにハンドルを回すと，モーターはどうなりますか。

2 コンデンサーを使った実験について，次の問題に答えましょう。

(1) コンデンサーのはたらきを，次のア～ウから１つ選びましょう。

ア 電気をつくる。　イ 電気を使う。　ウ 電気をためる。

(2) 手回し発電機とコンデンサーをつなぎ，ハンドルを20回回したものと，40回回したものを用意し，それぞれ豆電球につなぎました。豆電球の明かりのつき方を，次のア～ウから１つ選びましょう。

ア 20回回したもののほうが長く明かりがつく。

イ 40回回したもののほうが長く明かりがつく。

ウ どちらも同じ時間明かりがつく。

ハンドルをたくさん回すとどうなるの？

ハンドルを回す回数が多いほど，たくさんの電気をたくわえられるんだね。

これだけはおさえて！

手回し発電機のハンドルを回す速さが速いほど大きい電流が流れるんだ。

電気はつくったりためたりできるんだ。

17 発電と電気の利用②

くらしの中で電気をどのように利用しているのかおさえよう。

① 光電池と発電

光電池に光を当てても，電気をつくることができるの？

そうだ。光電池に当てる光を強くすると，回路に流れる電流が大きくなるぞ。

② 電気の利用

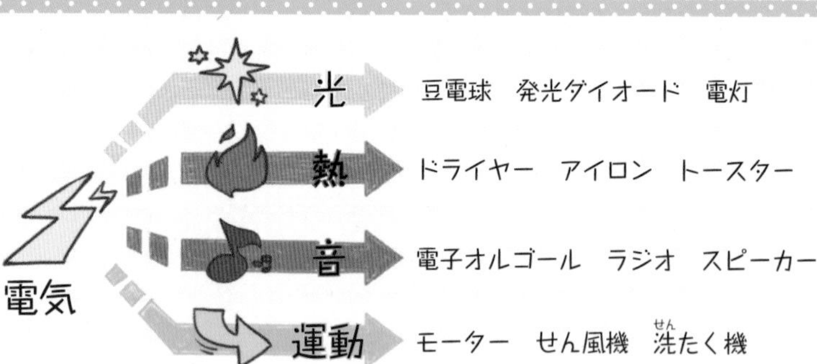

電気は，**光**や**熱**，**音**，**運動**などに変かんして使われているんだね。

ドライヤーなどの器具の中に入っている**電熱線**に電流が流れると**発熱**するんだ。太い電熱線のほうが発熱が大きいんだぞ。

練習問題の答え　1 (1)回る。　(2)反対向きに回る。　2 (1)ウ　(2)イ

Let's TRY 練習問題

1 次の問題に答えましょう。

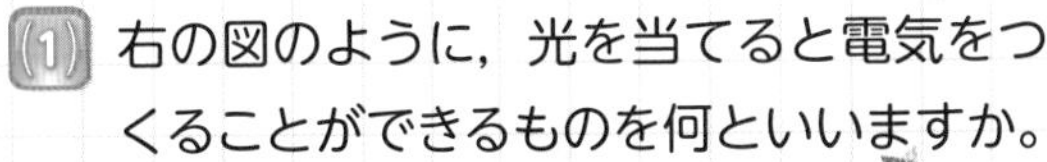

(1) 右の図のように，光を当てると電気をつくることができるものを何といいますか。

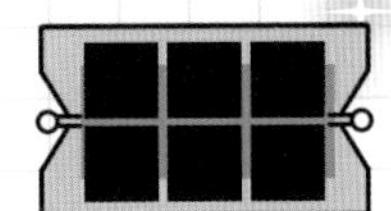

(2) (1) に光を当てて電流を流します。当てる光の強さを強くすると，回路を流れる電流の大きさはどうなりますか。

2 電気の利用について，次の問題に答えましょう。

(1) 電気を熱に変かんして利用する器具を，下のア〜クから２つ選びましょう。

(2) 電気を音に変かんして利用する器具を，下のア〜クから２つ選びましょう。

(3) 電気を運動に変かんして利用する器具を，下のア〜クから２つ選びましょう。

電気は運動にも変かんすることができるの？

できるよ。モーターは，電気を流すと回転する動きをするんだね。モーターはどんな器具に使われているかしら？

ア／アイロン　イ／せん風機　ウ／電子オルゴール
エ／電球　オ／ラジオ　カ／発光ダイオード
キ／トースター　ク／洗たく機

18 地球環境

生き物と地球環境との関わりをおさえよう。

① 生き物と水の関わり

大切！ 水面や地面などから**蒸発**した**水蒸気**は，上空で**雲**になり，**雨**や**雪**となって地上にもどるんだね。

生き物は水をとり入れ，からだのはたらきを保っている。大切な水を守るため，使った水は**下水処理場**できれいな水にして，川や海にもどしているんだ。

② 生き物と空気の関わり

生き物の**呼吸**やものを燃やすことで，**酸素を使って二酸化炭素を出している**んだね。

植物は日光が当たると**でんぷん**をつくる。このとき，**二酸化炭素を使って酸素を出している**んだ。

③ 地球の環境

地球の平均気温が少しずつ高くなることを**地球の温暖化**という。

温暖化の原因は**二酸化炭素の増加**と考えられているんだよね。

二酸化炭素を増やさないために，**石油や石炭などの燃料を使わない発電**や，**二酸化炭素をとり入れる植物をふやす**などのくふうが必要だ。

練習問題の答え　1 (1)光電池　(2)大きくなる。　2 (1)ア，キ　(2)ウ，オ　(3)イ，ク

Let's TRY 練習問題

1 **生き物と水の関わり**について説明した次の文の，空(くう)らんにあてはまる**言葉**を書きましょう。

(1) 蒸発して水蒸気となった水は，上空で［　　　］になり，雨や雪となって地上にもどる。

(2) 使用した水はさまざまなものがとけこんでよごれているので，［　　　］できれいな水にして川や海にもどす。

2 **生き物と空気の関わり**について，次の問題に答えましょう。

(1) 空気中の二酸化炭素が増え，地球の平均気温が高くなる現象を何といいますか。

［　　　］

(2) 空気中の二酸化炭素を減らすためのくふうとしてあてはまるものを，次のア～エから１つ選びましょう。

ア 火力発電を行う。　イ 太陽光発電を行う。

ウ 森の木を切る。　エ 下水処理場でよごれた水をきれいにする。

［　　　］

どんなときに空気中に二酸化炭素が出されるのかな？

たとえば，ものを燃やすと空気中に二酸化炭素が出されるよ。

ここにあるポイントはおさえような！

ポイント1 ものの燃え方

1 2 でやったよ！

空気中の気体の体積の割合

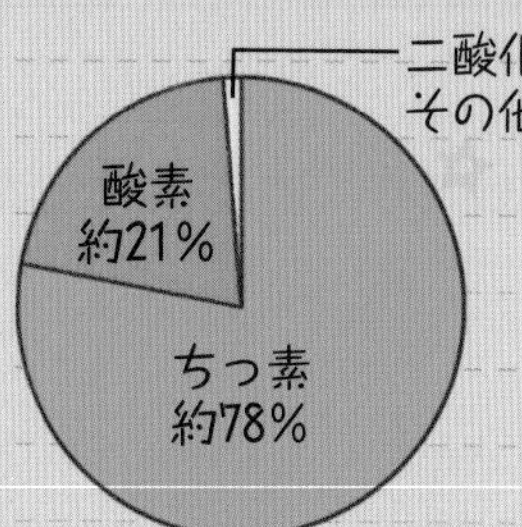

- 空気は，ちっ素，酸素，二酸化炭素などの気体でできている。
- ものが燃えると，空気中の酸素が減って二酸化炭素が増える。

ろうそくを燃やしたあとの空気に石灰水を入れると，白くにごったね。

ポイント2 呼吸のはたらき

6 でやったよ！

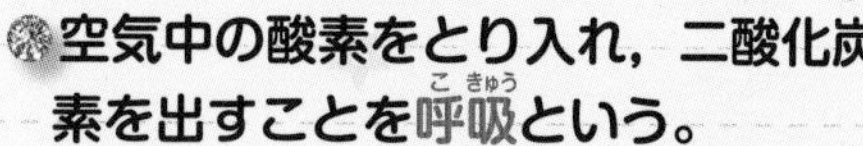

- 空気中の酸素をとり入れ，二酸化炭素を出すことを呼吸という。
- 鼻や口から入った空気は，気管を通って肺に入り，肺に入った空気は，気管を通って鼻や口から出される。

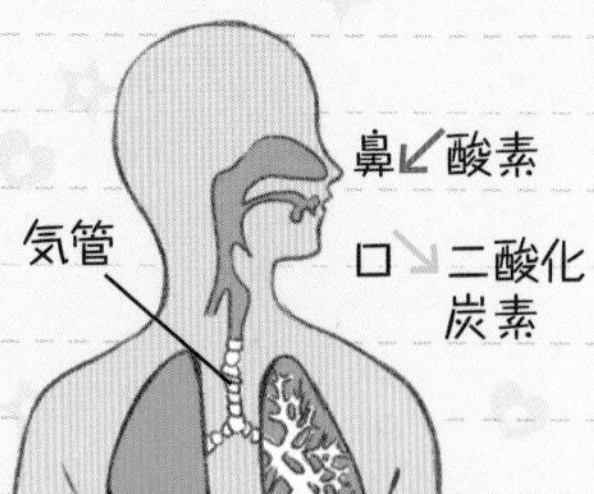

はいた空気には，二酸化炭素が多くふくまれているのね。

練習問題の答え　1 (1)雲　(2)下水処理場　2 (1)地球の温暖化　(2)イ

水よう液の性質

でやったよ！

水よう液の性質とリトマス紙の色の変化

	酸性	中性	アルカリ性
青色リトマス紙	赤色に変わる。	色は変わらない。	色は変わらない。
赤色リトマス紙	色は変わらない。	色は変わらない。	青色に変わる。

水よう液のなかま分け

酸性	中性	アルカリ性
塩酸	水	水酸化ナトリウムの水よう液
す	食塩水	アンモニア水
炭酸水	砂糖(さとう)水	石灰(せっかい)水(すい)

ポイント4 てこのはたらき

でやったよ！

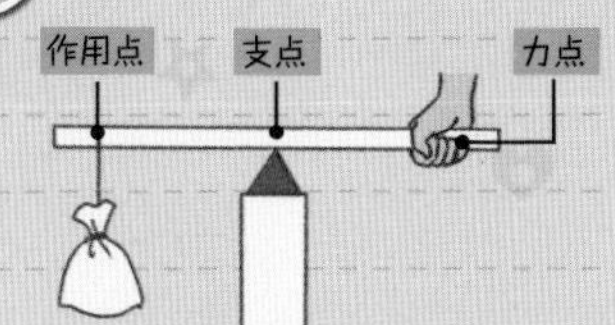

重いものを持ち上げるには，**力点**を支点から遠ざけたり，**作用点**を支点に近づけたりするといいぞ。

てこ・・・棒(ぼう)を1点で支え，力を加えてものを動かすしくみ
支点・・・棒を支えるところ
力点・・・棒に力を加えるところ
作用点・・・棒からものに力がはたらくところ

チェックテスト【理科】

⇒答えと解説は P.199

1 図のような装置でろうそくを燃やし，燃やす前と燃やしたあとの空気中の気体A，気体Bの体積の割合を調べました。次の問題に答えましょう。 復習P076

	気体A	気体B
ろうそくを燃やす前の空気	0.03%	21%
ろうそくを燃やしたあとの空気	3%	17%

□ (1) 気体A，気体Bはそれぞれ何ですか。

気体A

気体B

□ (2) ものが燃えるときに必要な気体は，A，Bのどちらですか。

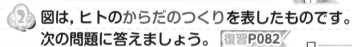

燃やす前と燃やしたあとで，気体の体積の割合が減っているのはどちらの気体かな？

2 図は，ヒトのからだのつくりを表したものです。次の問題に答えましょう。 復習P082

□ (1) 図のA，Bにあてはまる臓器の名前を書きましょう。

A

B

□ (2) 食べ物をからだに吸収されやすい養分に変えるはたらきを何といいますか。

口
かん臓
A
B
大腸
こう門

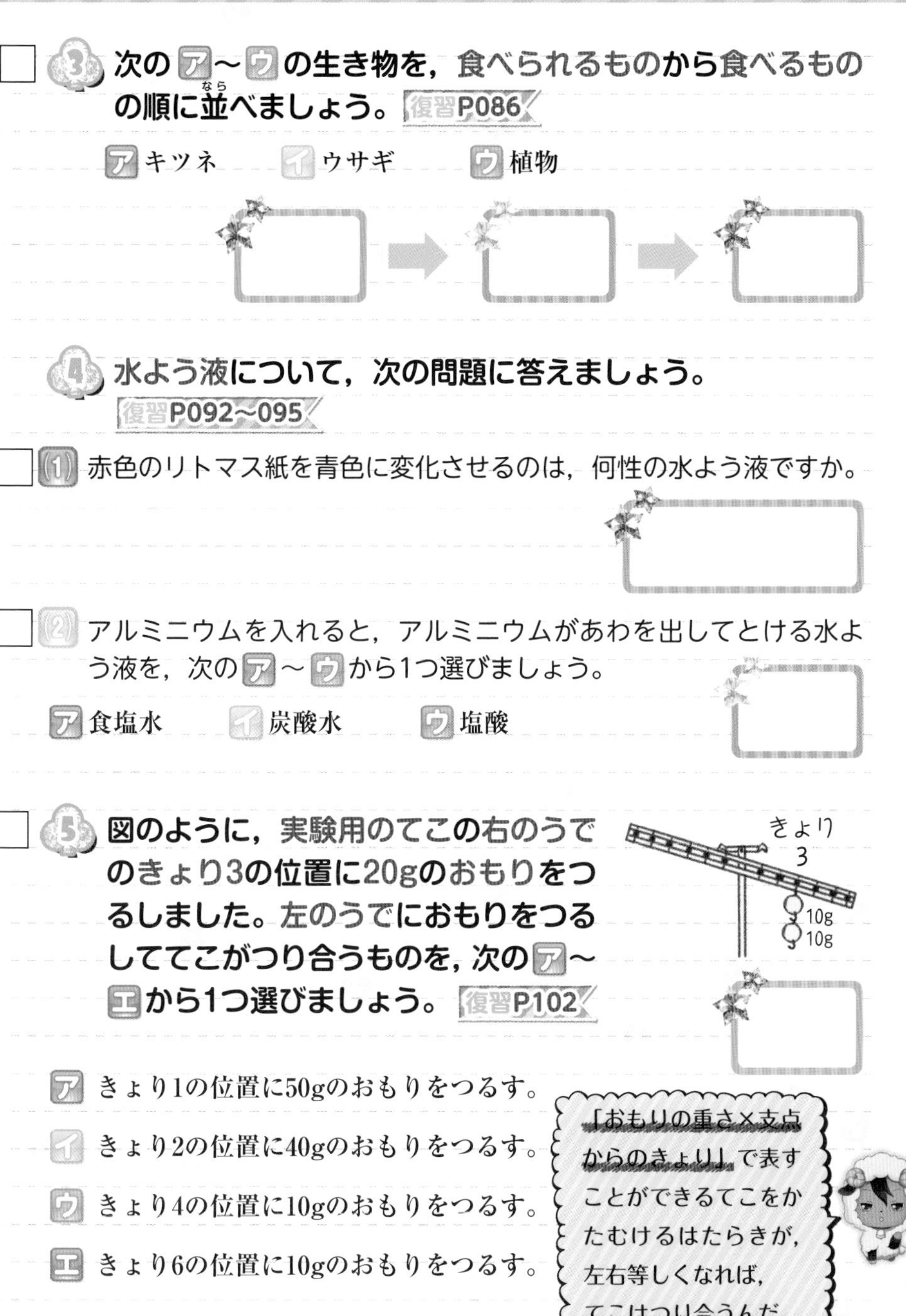

3 **次の ア ～ ウ の生き物を，食べられるものから食べるものの順に並べましょう。** 復習P086

ア キツネ　イ ウサギ　ウ 植物

□ → □ → □

4 **水よう液について，次の問題に答えましょう。** 復習P092～095

(1) 赤色のリトマス紙を青色に変化させるのは，何性の水よう液ですか。

(2) アルミニウムを入れると，アルミニウムがあわを出してとける水よう液を，次の ア ～ ウ から1つ選びましょう。

ア 食塩水　イ 炭酸水　ウ 塩酸

5 **図のように，実験用のてこの右のうでのきょり3の位置に20gのおもりをつるしました。左のうでにおもりをつるしててこがつり合うものを，次の ア ～ エ から1つ選びましょう。** 復習P102

ア きょり1の位置に50gのおもりをつるす。

イ きょり2の位置に40gのおもりをつるす。

ウ きょり4の位置に10gのおもりをつるす。

エ きょり6の位置に10gのおもりをつるす。

「おもりの重さ×支点からのきょり」で表すことができるてこをかたむけるはたらきが，左右等しくなれば，てこはつり合うんだ。

プチ体けい

ムラサキキャベツのまほう

水よう液の性質を利用して，まほうを使ってみないか？

ムラサキキャベツを使って，色が変わるまほうの液をつくってみましょう！

材料

- ムラサキキャベツ
- レモンのしる
- 石けん水

用意するもの

- なべ
- ざる
- 包丁
- まな板
- ビニールぶくろ
- とうめいなよう器

作り方

1. ムラサキキャベツを千切りにする。
2. 1をビニールぶくろに入れて冷とう庫でこおらせる。
3. 2を沸とうしたなべの中に入れて火を止め，15分間待つ。
4. ざるでこして，液をとうめいなよう器に入れる。

レモンのしるを入れると赤色に，石けん水を入れると青色に変わった！
本当にまほうみたいね。

まほうの液にレモンのしるを入れると…

まほうの液に石けん水を入れると…

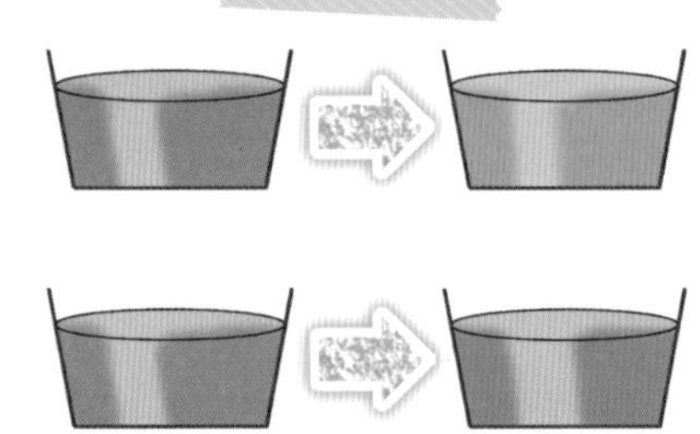

4時間目
社会
Social Studies
日本の歴史も見ていくよ！「レキ女」目指してみる？
KIRAKIRA OUCHI STUDY BOOK

わたしたちと日本国憲法

日本国憲法の３つの原則についておさえよう。

1 国民主権

- 国の政治に関する**主権**は**国民**にある。
- **天皇**は日本国民や日本国のまとまりの**象徴**になった。

主権っていわれてもよくわからないのだけど…。

主権とは，**国のあり方を決める権利**のこと。国のことは，だれかに決められるものじゃなく，国民自らで決めていくということだよ。

2 基本的人権の尊重

- 憲法は，さまざまな国民の**権利**を保障している。
- 国民の**義務**も定めている。

権利や自由はほかにもたくさんあるよ。

思想や学問の自由	男女の平等	はたらく権利

3 平和主義

- 外国との争いは**武力**で解決しないこと，そのための**戦力**も持たないことを定めている。

核兵器は「持たず，つくらず，持ちこませず」の原則だったよね，ソラ先生。

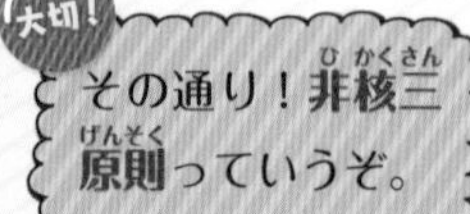

大切！

その通り！**非核三原則**っていうぞ。

Let's TRY 練習問題

練習問題の答えは次のページにあります。

1 図の空(くう)らんにあてはまる言葉を書きましょう。

基本的人権とは，だれでも生まれたときから持ってる権利のことだぜ。

2 次の文を読んで，正しければ○，まちがっていれば×を書きましょう。

(1) 日本国憲法は，天皇を主権者としている。

(2) 日本国憲法では，男女の平等やはたらく権利などを定めている。

(3) 日本国憲法では，平和主義をかかげている。

国民の義務って何があるの？

大切！

①子どもに教育を受けさせる義務
②はたらく義務
③税金を納(おさ)める義務の３つよ。

これだけはおさえて！

日本国憲法の３つの原則は，
①国民主権 ②基本的人権の尊重
③平和主義だよ！

オレの大切な３つの原則は，社会科・サッカー・生徒たち！だな。

2 国の政治

国の政治のしくみについておさえよう。

1 国会と内閣

- 国会…衆議院と参議院の２つの議院がある。
  → 国会議員が話し合って，国の法律や予算を決める。
- 内閣…内閣総理大臣と国務大臣がいる。
  → 法律や予算に従って国のさまざまな仕事を行う。

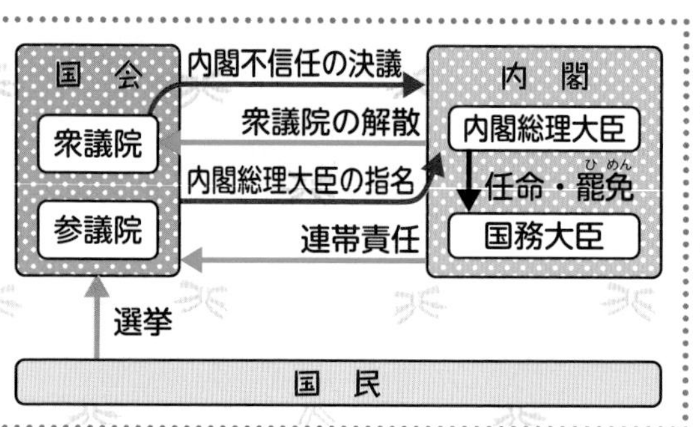

2 裁判所

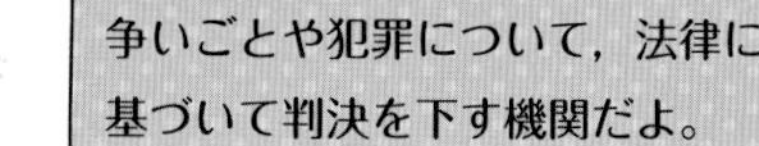

争いごとや犯罪について，法律に
基づいて判決を下す機関だよ。

- 国会や内閣の行動が憲法に違反していないかを調べる。
- 判決に不満があれば，３回まで裁判を受けることができる。

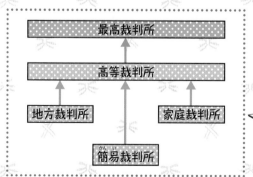

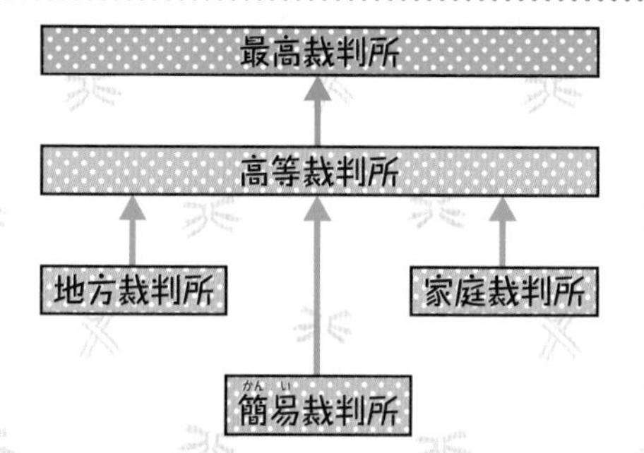

まちがった判決をしないようにするためのしくみだぞ。

練習問題の答え　1①国民　②平和　2(1)×　(2)○　(3)○

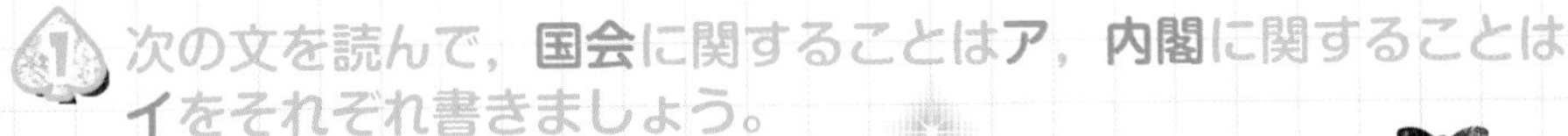

Let's TRY 練習問題

1 次の文を読んで，**国会**に関することはア，**内閣**に関することはイをそれぞれ書きましょう。

(1) 衆議院と参議院の２つの議院がある。

(2) 最高責任者は内閣総理大臣である。

(3) 法律や予算に従って，国の政治を行う。

(4) 選挙で選ばれた国会議員が話し合いを行う。

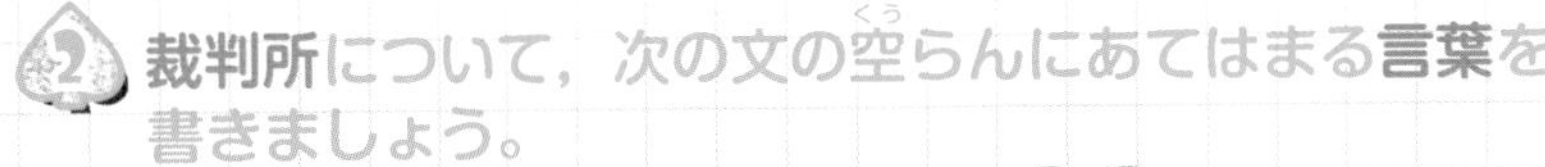

2 **裁判所**について，次の文の空らんにあてはまる**言葉**を書きましょう。

(1) 裁判所は，国会や内閣の行動が  に違反していないかを審査する。

(2) 裁判所の判決に不満があれば， 回まで裁判を受けることができる。

裁判所では，近年，国民が裁判官といっしょに裁判に参加する，**裁判員制度**というしくみを取り入れているよ。

いつでも参加できるように，裁判について知っておかなくちゃ！

3 三権分立

国会・内閣・裁判所の関係をおさえよう。

1 三権分立

大切！
国会・内閣・裁判所はたがいに抑制しているんだ。このしくみを**三権分立**というんだ。

国会（立法権）
内閣（行政権）
裁判所（司法権）
国民
選挙
世論
国民審査
内閣総理大臣を指名する，など
衆議院を解散させる，など
適任でない裁判官を国会議員が裁く
違憲立法審査
最高裁判所の長官を指名する，など
内閣の行う政治が憲法に違反していないかを調べる

違憲立法審査とは，国会のつくった法律が憲法に違反していないか調べることだよ。

国民審査は，裁判官が適任かどうか国民が直接審査することだよ。

国の権力が一つに集中してしまうと，国民の権利が保障されなくなることもあるの！だから国の権力である**立法権**・**行政権**・**司法権**をそれぞれ3つの機関が持っているよ。

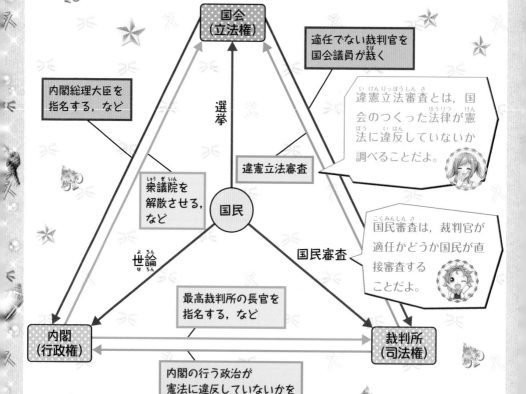

練習問題の答え　1(1)ア　(2)イ　(3)イ　(4)ア　2(1)憲法　(2)3

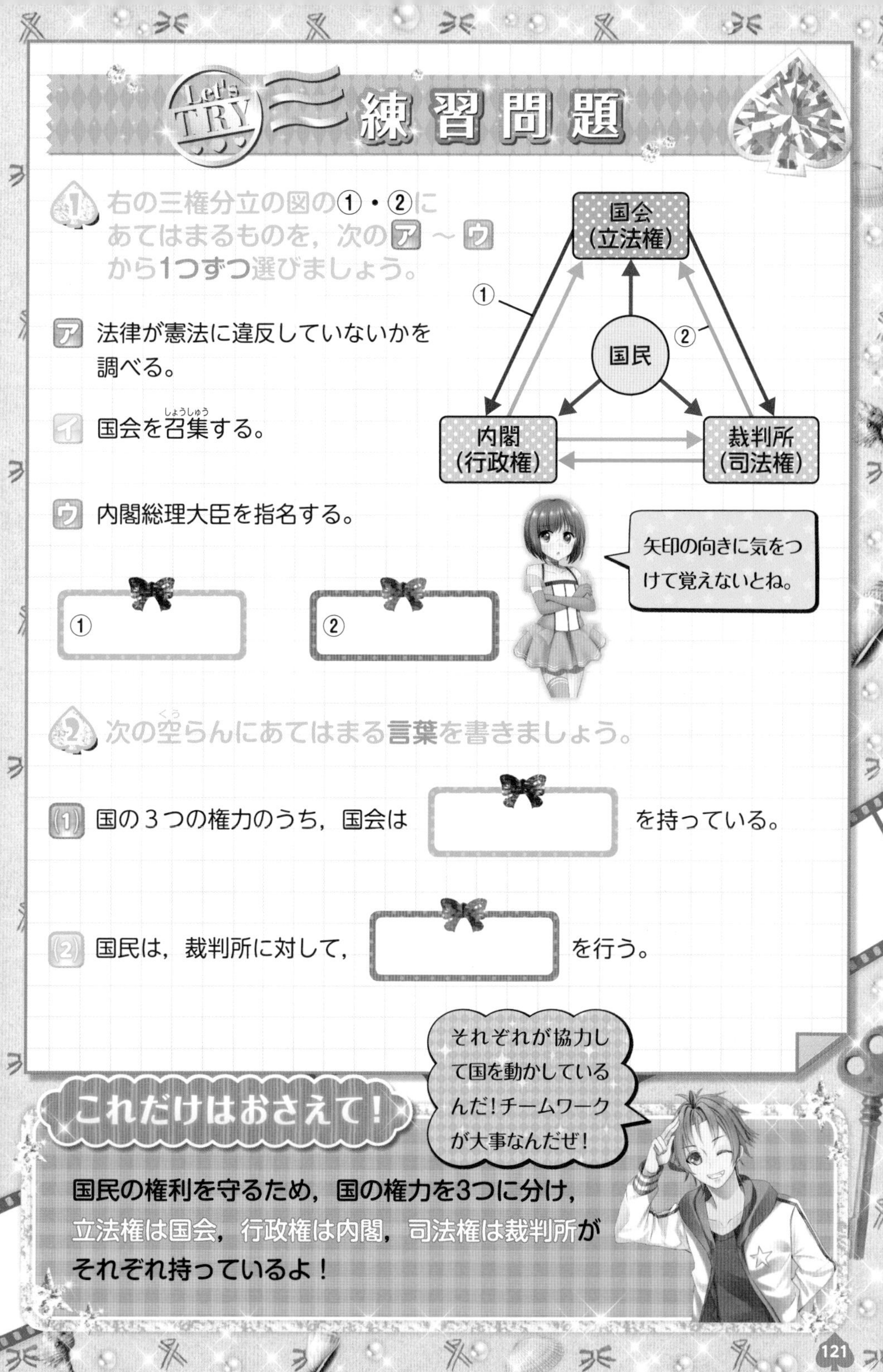

Let's TRY 練習問題

1 右の三権分立の図の①・②にあてはまるものを，次のア～ウから1つずつ選びましょう。

ア 法律が憲法に違反していないかを調べる。

イ 国会を召集（しょうしゅう）する。

ウ 内閣総理大臣を指名する。

① 　　　　②

2 次の空（くう）らんにあてはまる言葉を書きましょう。

(1) 国の３つの権力のうち，国会は［　　　］を持っている。

(2) 国民は，裁判所に対して，［　　　］を行う。

それぞれが協力して国を動かしているんだ！チームワークが大事なんだぜ！

これだけはおさえて！

国民の権利を守るため，国の権力を3つに分け，立法権は国会，行政権は内閣，司法権は裁判所がそれぞれ持っているよ！

4 わたしたちの住む町の政治

地方の政治のしくみについておさえよう。

1 市の政治のしくみ

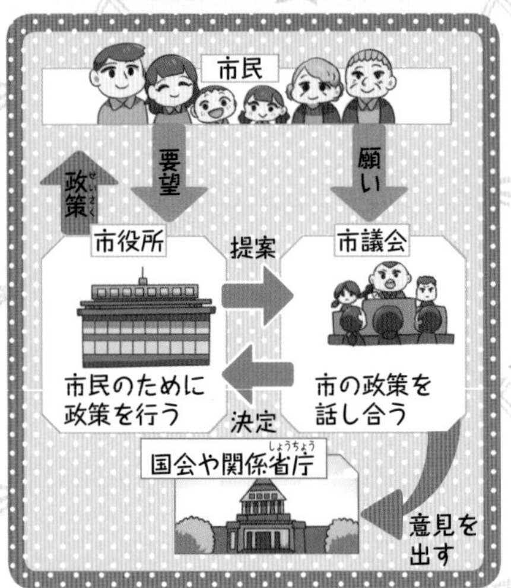

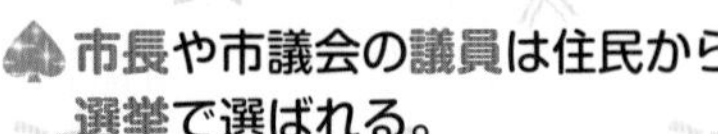

- 市長や市議会の議員は住民から選挙で選ばれる。
- 議会では条例を定める。

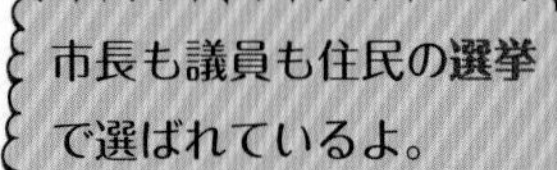

市長も議員も住民の選挙で選ばれているよ。
わたしたちのくらしと結びついているのね。

2 税金のはたらき

- 市では，税金としてお金を集めて，さまざまな仕事に使っている。

税金を納める

税金を使う

練習問題の答え　1①ウ　②ア　2(1)立法権　(2)国民審査

Let's TRY 練習問題

1 次の文を読んで，正しければ○，まちがっていれば×を書きましょう。

(1) 住民は，市につくってほしい施設(しせつ)などの要望書を出すことができる。

(2) 議会では条例を定めることができる。

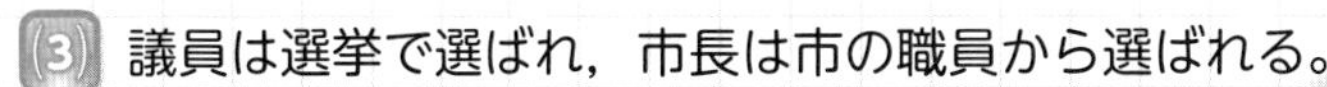

(3) 議員は選挙で選ばれ，市長は市の職員から選ばれる。

ねぇレモン，条例って何？

その市内で適用されるきまりのことだよ。わたしたちの住んでいる市にもいろんな条例があるかもよ。

2 次の問題に答えましょう。

(1) 買い物をしたときに納める税を何といいますか。

(2) 税金の説明として正しいものを，次のア～ウから１つ選びましょう。

ア 学校や公園など，みんなが使う施設をつくるために使われる。

イ お金をかせいでも，税金を納める義務はない。

ウ 税金をむだにしないよう，チェックする必要はない。

税金はみんなから集めたお金だから，むだ使いしないように!

そうね，わたしもおこづかいのむだ使いに気をつけよっと。

5 縄文時代と弥生時代のくらし

縄文(じょうもん)時代と弥生(やよい)時代のくらしについておさえよう。

1 縄文時代のくらし

大切！
このころの家をたて
穴(あな)住居っていうの。

このころは狩(か)りや漁を
してくらしていたんだ。

2 弥生時代のくらし

大切！
やがて，各地で指導者
が現れたよ。邪馬台国(やまたいこく)
の卑弥呼(ひみこ)が有名だな。

3 巨大古墳(きょだいこふん)と大和朝廷(やまとちょうてい)の統一

- 大王(おおきみ)を中心とする**大和朝廷**が生まれ，勢力を広げた。
- 王の墓として古墳がつくられた。

大切！
この形の古墳を前方後(ぜんぽうこう)
円墳(えんふん)というんだ。

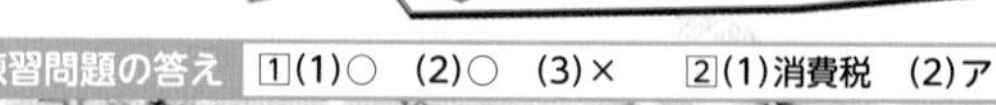

練習問題の答え　1(1)○　(2)○　(3)×　2(1)消費税　(2)ア

Let's TRY 練習問題

1 次の問題に答えましょう。

(1) 縄文時代のころからつくられるようになった右の住居を何といいますか。

(2) 縄文時代の説明を，次のア～ウから１つ選びましょう。

ア 大陸から米づくりが伝わった。

イ 邪馬台国の卑弥呼が現れた。

ウ 狩りや漁などをしてくらしていた。

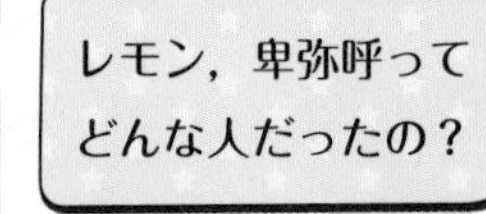

レモン，卑弥呼って
どんな人だったの？

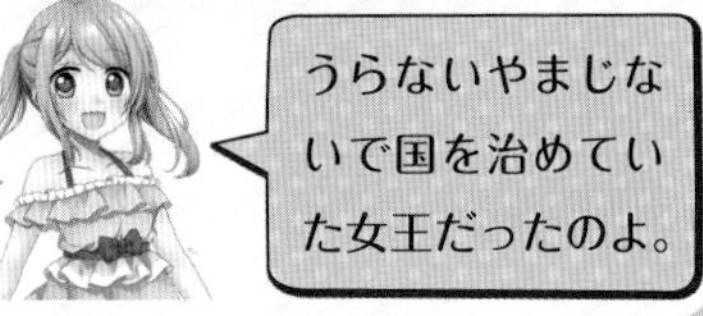

うらないやまじな
いで国を治めてい
た女王だったのよ。

2 次の文の空らんにあてはまる言葉を書きましょう。

(1) 大王を中心とした  が勢力を広げた。

(2) 王の墓として， がつくられた。

これだけはおさえて！

弥生時代から米づくりが行われ，各地で指導者が現れたよ。

オレもかっこいい指導者をめざしたいっ！

6 天皇中心の国づくり

飛鳥時代から奈良時代をおさえよう。

1 聖徳太子の国づくり

- 聖徳太子は，推古天皇の摂政となった。
  →十七条の憲法で役人の心構えを定めた。
  冠位十二階で，役職を冠の色で分けた。

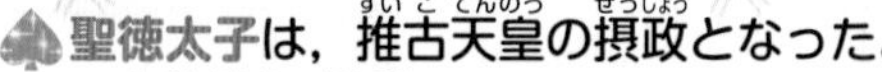

聖徳太子は，現存する世界最古の木造建築である**法隆寺**をつくったのよ。

2 天皇中心の国づくりが進む

- 中大兄皇子，中臣鎌足らは大化の改新を始めました。

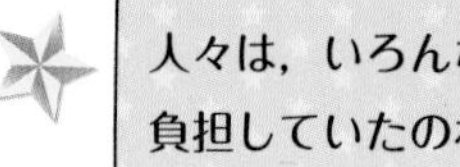

当時の人々の税の負担

3 聖武天皇と大仏づくり

- 聖武天皇は，奈良の東大寺に大仏をつくりました。
- 大陸の文化を日本にとり入れました。

大仏づくりには，全国から人や材料が集められたんだ！

練習問題の答え　1 (1)たて穴住居　(2)ウ　　2 (1)大和朝廷　(2)古墳

Let's TRY 練習問題

1 次の文の空(くう)らんにあてはまる**言葉**を［　　］から選んで書きましょう。

(1) 推古天皇の摂政である聖徳太子は，［　　　　］を建てました。

(2) 聖徳太子は，［　　　　］で役人の心構えを定めました。

聖徳太子は，仏教の教えを大切にしていたぞ。

冠位十二階	十七条の憲法	法隆寺

2 次の文の空らんにあてはまる**言葉**を書きましょう。

(1) 中大兄皇子，中臣鎌足らは［　　　　］を始めました。

(2) 人びとは，稲を納める［　　　　］という税を負担していました。

(3) ［　　　　］は，奈良の東大寺に大仏をつくりました。

ソラ先生，聖武天皇は，なぜ大仏をつくったの？
大切！
世の中をよくするために，仏教の力で国を治めようとしたんだ。

貴族のくらし

平安時代の人々の生活をおさえよう。

1 藤原氏の政治

平安時代には，貴族が力をにぎった。

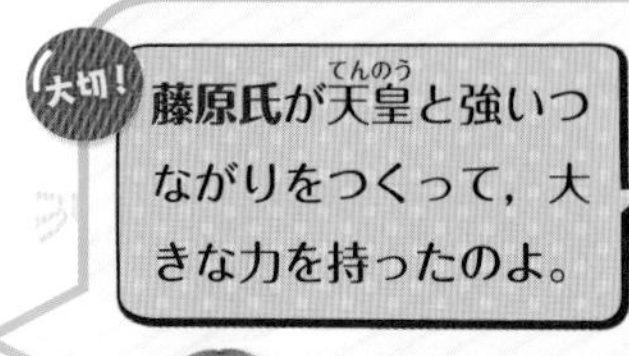

大切！
藤原氏が天皇と強いつながりをつくって，大きな力を持ったのよ。

むすめを天皇と結婚させたんだね。

2 日本風の文化

貴族を中心とした**日本風の文化**が栄えたんだ！

大切！ 漢字をもとにして**かな文字**が生まれ，「源氏物語」や「枕草子」などが書かれたよ。

十二単きれいね～。着てみたいわ。

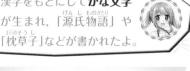

これは**平等院鳳凰堂**だよ。このころ**極楽浄土**に行くことを願う信仰が広まり，阿弥陀堂がたくさんつくられたんだ。

練習問題の答え　1(1)法隆寺　(2)十七条の憲法　2(1)大化の改新　(2)租　(3)聖武天皇

Let's TRY 練習問題

1 次の文の空らんにあてはまる言葉を書きましょう。

(1) 貴族の［　　　　］氏は，天皇と強いつながりをつくり，政治の実権をにぎった。

(2) 平安時代には［　　　　］が生まれ，「源氏物語」や「枕草子」が書かれた。

安→安→あ→あ
以→い→い→い
宇→う→う→う

「源氏物語」は紫式部，「枕草子」は清少納言っていう朝廷に仕える女性が書いたのよ！

2人とも女性だったんだ！仕事のできる大人の女性ってすてきよね～！

2 各地に阿弥陀堂がつくられた理由を，次のア～ウから1つ選びましょう。

ア 天皇中心の国づくりをするため。

イ 仏教で国を立て直すため。

ウ 極楽浄土に行くことを願う信仰が広まったため。

貴族のはなやかな生活ってあこがれちゃう～！

これだけはおさえて！

平安時代には，貴族中心の日本風の文化が栄えたんだ。

はなやかな生活のかげで，大変なことも多かったみたいだけど・・・。

8 武士の世の中へ

鎌倉時代のようすをおさえよう。

1 源平の合戦

- **武士**が登場し，**平氏**と**源氏**が対立した。
  →**壇ノ浦の戦い**で**源氏**が**平氏**をほろぼした。

武士は，朝廷や貴族に仕えて力をつけていったんだ。

2 鎌倉幕府が成立する

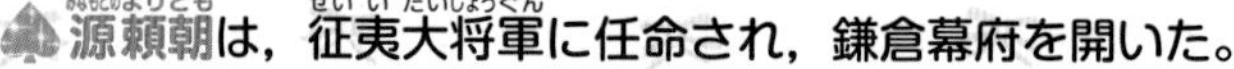

- **源頼朝**は，**征夷大将軍**に任命され，鎌倉幕府を開いた。
- 将軍と武士は，**ご恩**と**奉公**の関係で結ばれた。

将軍　　武士

大切！ 幕府は武士の法律として**御成敗式目**も定めたのよ。

3 元との戦い

- 2度にわたり，**元**がせめてきた。

元軍

武士

元軍は集団で戦っていたのよ。火薬兵器も使っていたんだって。

武士の激しい抵抗や台風の影響で，元軍を退けたんだ！

練習問題の答え　1(1)藤原　(2)かな文字　2ウ

Let's TRY 練習問題

1 次の文にあてはまる言葉を，空(くう)らんから選んで○をつけましょう。

(1) 武士 ・ 貴族 の平氏と源氏が対立し，源平の合戦が起きた。

(2) 壇ノ浦の戦いで

❶ 源氏 ・ 平氏 が

❷ 源氏 ・ 平氏 を

ほろぼした。

壇ノ浦の戦いではね，源義経(みなもとのよしつね)っていうイケメン武士が活やくしたのよ！
イケメンかどうかは，諸説(しょせつ)あるぞ。

2 次の問題に答えましょう。

(1) 鎌倉に幕府を開いた人物はだれですか。

(2) 鎌倉幕府が定めた武士の法律を何といいますか。

(3) 元との戦いについて，正しければ○，まちがっていれば×を書きましょう。

❶元は，３回にわたってせめてきた。

❷元は，集団戦法や火薬兵器を使っていた。

この戦いのあと，ほうびがもらえなかったこともあり，幕府に不満を持つ人が増えたんだ。

苦しんだのにほうびがもらえないのは，残念よね…。

今に伝わる室町文化

室町文化についておさえよう。

鎌倉幕府がほろびて，室町幕府が開かれたんだ。

1 金閣と銀閣

金閣	銀閣

3代将軍足利義満が建てた	8代将軍足利義政が建てた

金閣はぴかぴかだけど，銀閣は落ち着いていて，いい感じね。

2 現代に残る室町文化

- 雪舟は，すみ絵（水墨画）を大成した。
- 伝統芸能の能や狂言が生まれた。
- 茶の湯や生け花が広まった。

すみ絵は，すみ一色でえがく絵のことよ。

茶の湯も生け花も，今もある文化だよね。

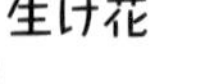

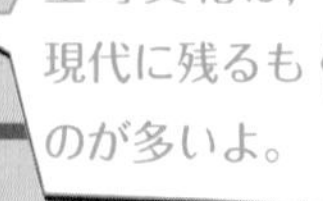

室町文化は，現代に残るものが多いよ。

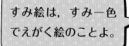

練習問題の答え　1(1)武士　(2)①源氏　②平氏　2(1)源頼朝　(2)御成敗式目　(3)①×　②○

Let's TRY 練習問題

1 次の建物を建てた**人物の名前**を，あとの［　　］から選んで書きましょう。

(1)

(2)

源頼朝　　足利義満　　足利義政

2 次の文の空らんにあてはまる**言葉**を書きましょう。

(1) ［　　］は，すみ絵(水墨画)を大成した。

(2) 伝統芸能の［　　］や狂言が生まれた。

ソラ先生，能ってどんなもの？
歌や音楽に合わせて，お面をつけながら舞うんだ。

これだけはおさえて！

室町時代は，現代に残る文化が多く生まれたよ。

昔と現在とのつながりを感じられることも，歴史のおもしろいところだね！

10 3人の武将と天下統一

戦国時代，天下統一をめざした武将をおさえよう。

1 天下統一をめざした織田信長

1. 安土城をつくり，楽市・楽座を行った。
2. キリスト教を保護して，仏教に対抗した。

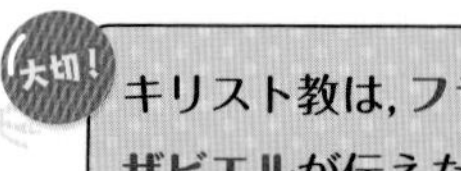

大切！ キリスト教は，フランシスコ・ザビエルが伝えたのよ。

信長は本能寺の変で家臣に裏切られ，天下統一をする前に死んでしまうんだ。

2 信長のあとをついだ豊臣秀吉

1. 天下統一をなしとげた。
2. 農民から刀を取り上げる刀狩を行った。
3. 全国の田畑を調べる検地を行った。

秀吉の政策で，武士と農民の区別がはっきりするようになったよ。

3 江戸幕府を開いた徳川家康

- 豊臣秀吉の死後，征夷大将軍に任命された。
  →江戸幕府を開いた。

江戸幕府はその後250年以上続くんだ。

練習問題の答え　1(1)足利義満　(2)足利義政　2(1)雪舟　(2)能

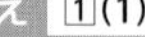

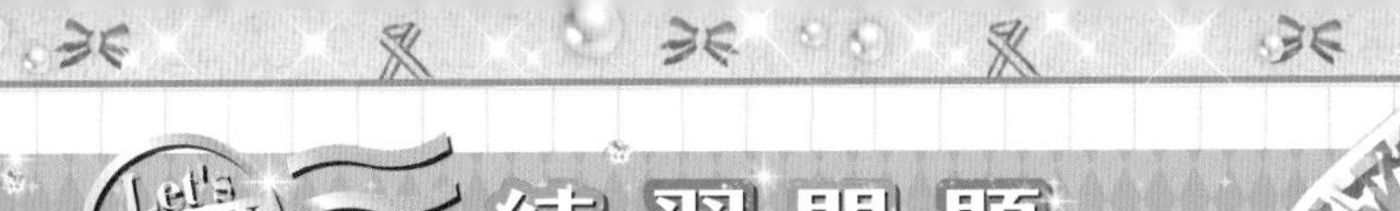

Let's TRY 練習問題

1 次の文の空(くう)らんにあてはまる言葉を書きましょう。

(1) 天下統一をめざした［　　　　］は，安土城をつくって，楽市・楽座を行った。

楽市・楽座とは，だれでも商売ができるように行われた政策なんだ。

(2) 豊臣秀吉は，農民から刀を取り上げる［　　　　］を行った。

農民が武器を持って抵抗(ていこう)しないようにするためだよ。

2 豊臣秀吉が行った，全国の田畑を調べる政策を何といいますか。

［　　　　］

3 江戸幕府を開いた人物はだれですか。

［　　　　］

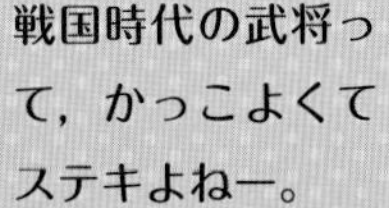

戦国時代の武将って，かっこよくてステキよねー。
命をかけて戦ってるからね。オレも命がけで勉強を教えるぜ！

これだけはおさえて！

天下統一をめざした織田信長，そのあとをついだ豊臣秀吉，秀吉の死後，征夷大将軍に任命され，江戸幕府を開いた徳川家康と覚えようね。

11 江戸幕府と政治の安定

江戸幕府の政治と鎖国をおさえよう。

1 江戸幕府と大名

- 江戸幕府は，**武家諸法度**を定めて，全国の大名を支配した。

- **参勤交代**を定めて，大名に領地と江戸を行き来させた。

領地
江戸
遠い土地に住んでいたら大変だね！
そうだな。参勤交代は大名にとって大きな負担になったんだ。

2 キリスト教の禁止と鎖国

- 江戸幕府は，信者が増えることをおそれて，**キリスト教を禁止**した。

- 貿易相手を**中国**と**オランダ**に限定し，**鎖国**を行った。

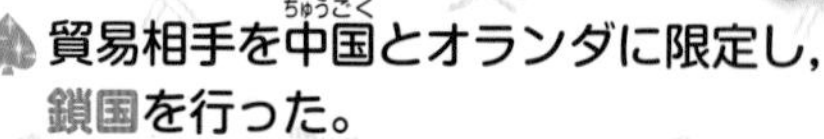

大切！
貿易は**長崎**の**出島**で行われたぞ。

練習問題の答え　1(1)織田信長　(2)刀狩　2検地　3徳川家康

大切！ 参勤交代は，3代将軍(しょうぐん)徳川家光(とくがわいえみつ)が定めたのよ。

(1) 江戸幕府が，大名に1年おきに領地と江戸を行き来させた制度を何といいますか。

(2) 江戸幕府が，鎖国を行っていたころに貿易を行った国はどこですか。次のア～エから2つ選びましょう。

ア オランダ　　イ スペイン

ウ 中国　　エ ポルトガル

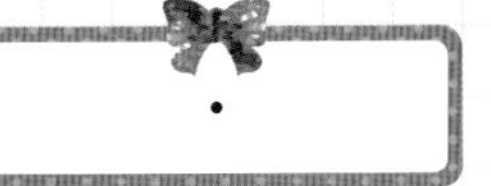

2 次の文の空(くう)らんにあてはまる言葉を書きましょう。

(1) 江戸幕府は，大名を親藩・譜代・の3つに分けた。

(2) 絵踏みを行って，［　　　］の信者かどうかを判断した。

みんな何をふんでいるの？

キリストの像だよ。像をふめるかふめないかで信者かどうか判断したんだ。

12 町人の文化と新しい学問

江戸時代の文化についておさえよう。

1 町人文化の広がり

江戸時代，江戸や大阪で，町人の文化が発達したんだ！

人形浄瑠璃

歌舞伎

浮世絵

葛飾北斎や歌川広重という人の作品が人気だったんだ。

▲近松門左衛門

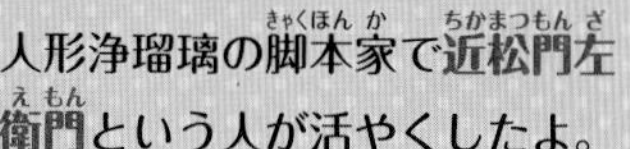

人形浄瑠璃の脚本家で近松門左衛門という人が活やくしたよ。

2 蘭学と国学

♠西洋の学問を学ぶ蘭学と古来からの日本人の考えを学ぶ国学が広がった。

蘭学

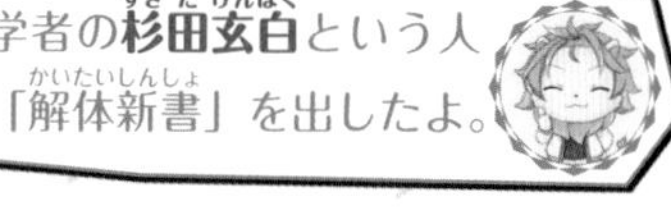

蘭学者の杉田玄白という人が「解体新書」を出したよ。

国学

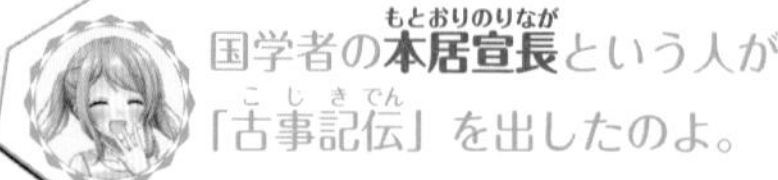

国学者の本居宣長という人が「古事記伝」を出したのよ。

練習問題の答え　1(1)参勤交代　(2)ア・ウ　2(1)外様　(2)キリスト教

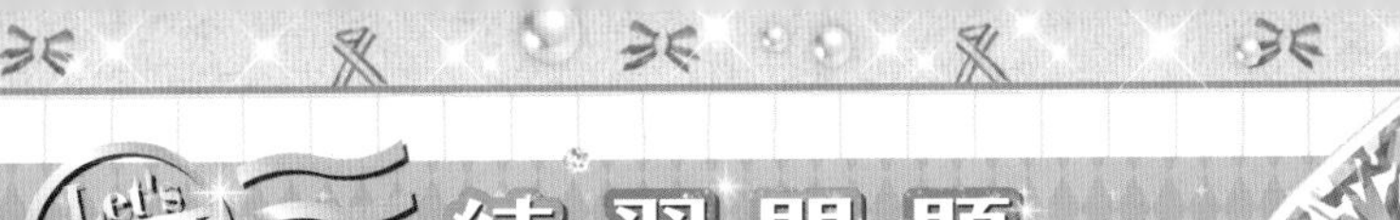

Let's TRY 練習問題

1 次の文にあてはまる言葉を，空らんから選んで○をつけましょう。

(1) 江戸や大阪で，［ 貴族 ・ 武士 ・ 町人 ］の文化が発達した。

(2) ［ 近松門左衛門 ・ 歌川広重 ］がかいた浮世絵が人気を集めた。

浮世絵で，人気の歌舞伎役者の絵がかかれたのよ！

この時代に生きてたら，オレの浮世絵もかかれてたな！

2 次の問題に答えましょう。

(1) 江戸時代に広がった，古来からの日本人の考えを学ぶ学問を何といいますか。

［　　　　］

(2) 蘭学を研究し，「解体新書」を出版した右の人物はだれですか。

［　　　　］

ソラ先生，「解体新書」ってどんな本？

オランダ語で書かれた医学書をほん訳したものなんだ。

これだけはおさえて！

江戸時代には，町人の文化が発達したよ。

オレの浮世絵，人気出るだろ～な～。

・・・・・。

13

明治時代の国づくり

明治維新と文明開化をおさえよう。

1 ペリー来航

- ペリーが来航し，日本に開国を求めた。

→**日米和親条約**と**日米修好通商条約**が結ばれ，開国した。

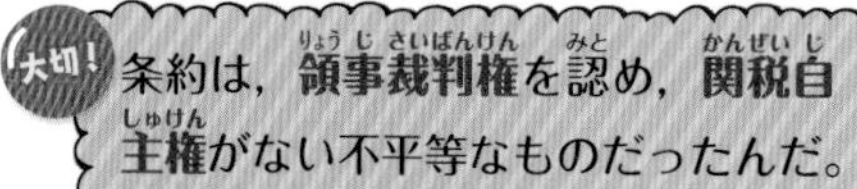

大切！ 条約は，**領事裁判権**を認め，**関税自主権**がない不平等なものだったんだ。

2 明治維新

- やがて，江戸幕府はほろび，**明治政府**がつくられた。

明治政府の政策

1. **廃藩置県**…藩を廃止し，県を置いた。
2. **徴兵令**…男子は軍隊に入るよう命じた。
3. **学制**…子どもは学校に行くよう命じた。

産業をさかんにし，強い軍隊をつくる**富国強兵**をスローガンにしてたぜ！

富岡製糸場もつくったのよ。

3 文明開化の広がり

- **文明開化**…西洋の文化や技術などが国内に入り，人びとの生活が変化した。

洋服や馬車は，このころに広がったのね。

練習問題の答え 1 (1)町人 (2)歌川広重 2 (1)国学 (2)杉田玄白

Let's TRY 練習問題

次の問題に答えましょう。

1 次の問題に答えましょう。

(1) 日本に開国を求め，来航した人物はだれですか。

(2) 明治政府が打ち出した，産業をさかんにし，強い軍隊をつくる方針（ほうしん）を何といいますか。

明治政府は，なんで富国強兵をめざしたのかしら？

近代化して，ヨーロッパの国やアメリカに早く追いつくためなのよ。

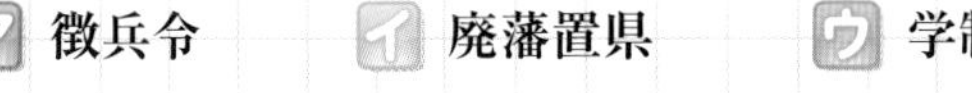
明治政府が行った政策について，次の文にあてはまるものを，

2 明治政府が行った政策について，次の文にあてはまるものを，あとのア～ウから１つずつ選びましょう。

(1) 男子は軍隊に入るように命じた。

(2) 子どもは学校に行くように命じた。

(3) 藩を廃止し，全国に県を置いた。

ア 徴兵令　イ 廃藩置県　ウ 学制

社会のしくみがガンガン変わっていったんだ。カッコいい時代だね。

14 自由民権運動と国会開設

国会が開かれるまでの流れをおさえよう。

1 自由民権運動

- **板垣退助**らが**国会**を開設することを求めた。
  →**自由民権運動**が全国に広がった。

国会を開けー！

このころから，政府は国会を開くために準備を始めたぞ。

2 大日本帝国憲法の制定

- **伊藤博文**はドイツの憲法を学び，憲法の原案をつくった。
- その後，**天皇**を主権者とする**大日本帝国憲法**が制定された。

大切！ 伊藤博文は，初代**内閣総理大臣**にもなったのよ。

3 国会の開設

- 国会議員を選ぶため，初めての**選挙**が行われた。
- その後，**第1回の国会**が開かれた。

選挙権が限られていたため，国民の**約1％しか投票**できなかったんだ。

練習問題の答え ①(1)ペリー　(2)富国強兵　②(1)ア　(2)ウ　(3)イ

Let's TRY 練習問題

1 次の文にあてはまる**人物**を，あとの［　　］から選んで書きましょう。

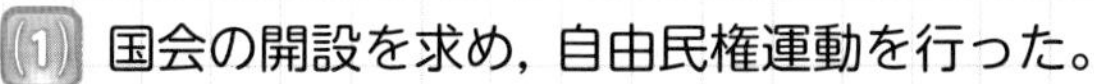

(1) 国会の開設を求め，自由民権運動を行った。

(2) ドイツで憲法を学び，初代内閣総理大臣となった。

伊藤博文	板垣退助	西郷隆盛（さいごうたかもり）

西郷隆盛は，政府に不満を持ち，西南（せいなん）戦争を起こした人だよ。

▲西郷隆盛

2 次の文にあてはまる**言葉**を，空（くう）らんから選んで○をつけましょう。

(1) 大日本帝国憲法は，［ 天皇 ・ 国民 ］を主権者として制定された。

(2) 初めて行われた選挙では，国民の約［ 50% ・ 1% ］しか投票できなかった。

どんな人が投票できたの？

多くの税金を納（おさ）めた25才以上の男子だけだったのよ。

世界に歩み出した日本

日清戦争と日露戦争についておさえよう。

明治政府は，幕末に結んだ不平等条約の改正をめざしたぜ。

1 不平等条約の改正をめざして

不平等な内容

① 領事裁判権を相手に認めた

日本で罪をおかしても裁かれないぜ！
日本
外国の法律

外務大臣の陸奥宗光が撤廃に成功した。

② 関税自主権がない

外国
日本
安い品物

小村寿太郎が回復させた。
→条約改正を達成させた。

2 日清戦争と日露戦争

- 日本は朝鮮をめぐって，中国（清）と日清戦争を起こした。
  →日本が勝利！

日本
清
VS

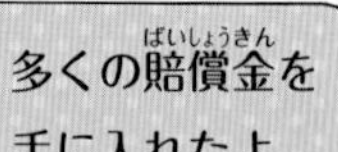
多くの賠償金を手に入れたよ。

日本
ロシア
VS

- 日本はロシアと対立し，日露戦争を起こした。
  →苦戦しながらも日本が勝利！

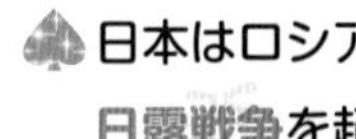
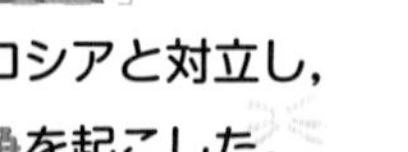

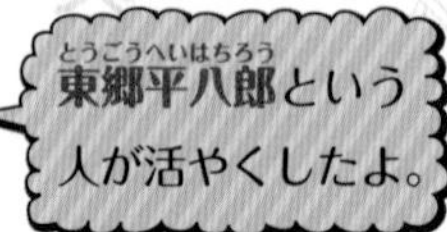
東郷平八郎という人が活やくしたよ。

練習問題の答え　1 (1)板垣退助　(2)伊藤博文　2 (1)天皇　(2)1％

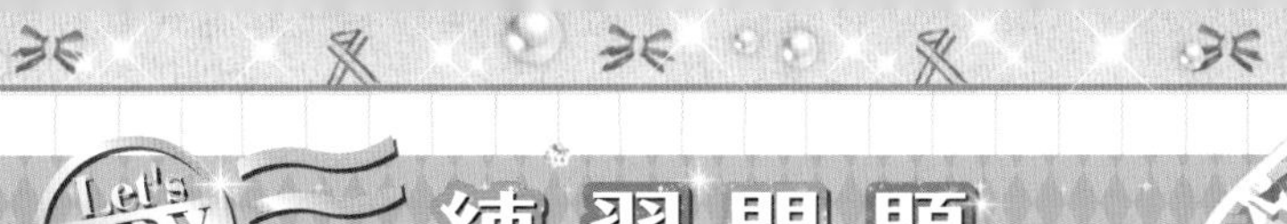

Let's TRY 練習問題

1 次の文の空(くう)らんにあてはまる言葉を書きましょう。

(1) 外務大臣の陸奥宗光は，［　　　　］の撤廃に成功した。

(2) ［　　　　］は，関税自主権を回復し，条約改正を達成した。

ソラ先生，どうして条約が改正できたの？

日本が近代化されてきたことが理由だな。

2 あとのア～エは，日清戦争・日露戦争のどちらにあてはまりますか。2つずつ選びましょう。

(1) 日清戦争［　　・　　］　(2) 日露戦争［　　・　　］

ア 日本は多くの賠償金を手に入れた。

イ 東郷平八郎が活やくした。

ウ 苦戦しながらロシアと戦った。

エ 朝鮮をめぐり中国と戦った。

このあと，世界では**第一次世界大戦**が起こったよ。

これだけはおさえて！

日本は，日清戦争と日露戦争の２つの戦争に勝利したんだ。

外国とは仲良くしたいよな。

16 アジアから太平洋に広がる戦争

中国との戦争と太平洋戦争をおさえよう。

1 太平洋戦争の始まり

1. 日本が**満州事変**を起こし，中国と対立した。

満州を植民地にしようとしたんだ。

2. 1937年には日中戦争が始まった。

3. ドイツやイタリアと軍事同盟を結んだ。

アメリカやイギリスとは対立したのね。

4. 1941年，**太平洋戦争**が始まった。

2 原爆投下と太平洋戦争の終わり

- 度重なる空襲や食料不足で，人々の生活が苦しくなった。
- 広島，長崎に**原子爆弾**が投下された。

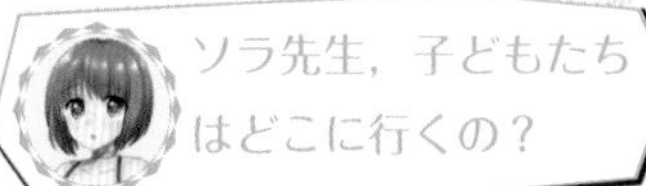

ソラ先生，子どもたちはどこに行くの？

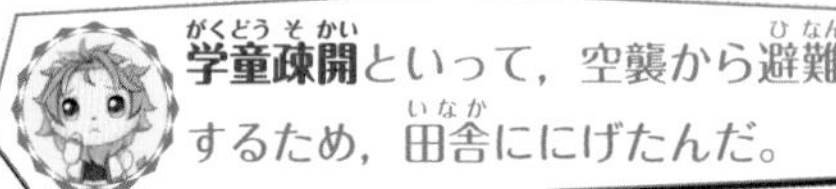

学童疎開といって，空襲から避難するため，田舎ににげたんだ。

- 1945年**8月15日**，日本が降伏したことが人々に伝えられ，戦争は終わった。

練習問題の答え　1(1)領事裁判権　(2)小村寿太郎　2(1)ア・エ　(2)イ・ウ

1 次の問題に答えましょう。

(1) 満州にあたる地域を，右の図のア～ウから1つ選びましょう。

(2) 日本が軍事同盟を結んだ国を，次のア～エから2つ選びましょう。

ア ドイツ　　イ アメリカ

ウ イギリス　　エ イタリア

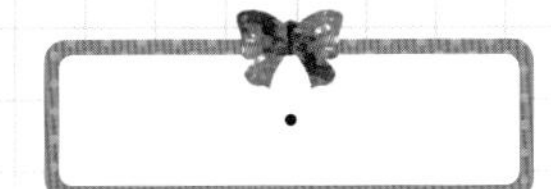

2 次の問題に答えましょう。

(1) 太平洋戦争について正しいものを，次のア～エから2つ選びましょう。

ア 子どもは空襲から避難するために，学童疎開をした。

イ 食料はたくさんあり，生活には困らなかった。

ウ 広島・長崎に原子爆弾が投下された。

エ 空襲は1度しかなかった。

沖縄では，アメリカ軍が上陸し，たくさんの人がぎせいになったのよ。

戦争ってこわいね，レモン。

(2) 日本が降伏したことが人々に伝えられたのは何月何日ですか。

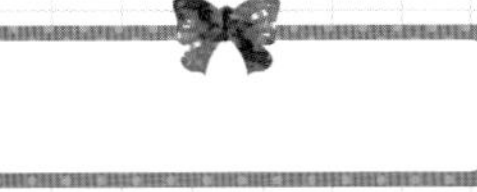

17 新しい日本へ

戦後の日本の動きをおさえよう。

1 戦後の日本

大切！ 戦後，日本はアメリカなどの**連合国軍**に**占領**(せんりょう)され，民主化をめざして**戦後改革**(かいかく)が行われたぞ！

日本国憲法(けんぽう)が制定

教育制度が整う

義務教育が9年と定められたよ。

これまでは自分の農地を持てない農民がいっぱいいたんだね。

男女が平等になる

農民が自分の農地を持てた

女性にも**選挙権**(せんきょけん)があたえられたぜ。

新幹線や高速道路もこのころに整備されたんだ～。

2 国際社会の中の日本

- 独立を回復した日本では，**高度経済成長**(けいざい)が始まった。
- 1964年に**東京オリンピック**(とうきょう)が開かれた。

東京オリンピックは2020年にも開かれるのよ！

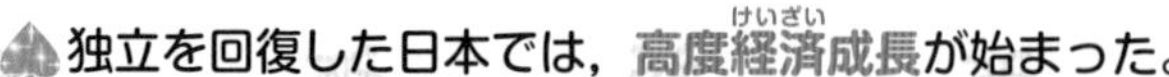

練習問題の答え　1(1)ア　(2)ア・エ　2(1)ア・ウ　(2)8月15日

練習問題

1 戦後改革について正しいものを，次のア～エから2つ選びましょう。

ア 女性に選挙権があたえられた。

イ 日本国憲法が制定された。

ウ 義務教育が6年と定められた。

エ 農地を持てない農民が増えた。

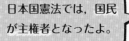

日本国憲法では，国民が主権者となったよ。

［　　・　　］

2 高度経済成長が始まった日本について，空(くう)らんにあてはまる言葉を書きましょう。

(1) 1964年には，［　　　　］でオリンピックが開かれた。

(2) ［　　　　］や高速道路が整備された。

ソラ先生，**高度経済成長**っていつのことなの？

大切！

1950年代後半から1970年代初めまでだな。日本の経済が急速に発展(はってん)した時期なんだ。

これだけはおさえて！

戦後の日本では，民主化をめざして戦後改革が行われたよ。

学んだ歴史は，現在につながっているんだぜ！

18 日本と関わりのある国々

日本と関わりのある国々についておさえよう。

1 多文化社会のアメリカ

- **広い国土**を持ち，農業も工業もさかん。
- さまざまな国から移民を受け入れている。

ジーンズやハンバーガーもアメリカで誕生(たんじょう)したんだ！

2 急速な経済発展(けいざいはってん)を続ける中国(ちゅうごく)

- 人口が世界で最も多い。
- 古くから日本との交流がある。
- 経済特区(けいざいとっく)が設けられ，急速な発展を続けている。

漢字やお茶などは，中国から日本に伝わったのよ。

3 伝統と現代の産業が息づく韓国(かんこく)

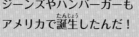

- **チマ・チョゴリ**や**キムチ**が有名。
- **儒教**(じゅきょう)の教えを大切にしている。

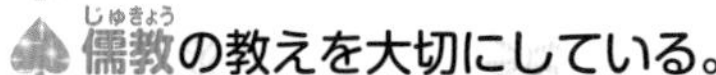

チマ・チョゴリかわいいな～。

4 石油で日本とつながりが深いサウジアラビア

- **石油**産業がさかんで，日本が**最も多く石油を輸入**している。
- 国内に大きな砂漠(さばく)がある。

多くの国民が，**イスラム教**を信仰(しんこう)しているぞ。

練習問題の答え　1 ア，イ　2 (1)東京　(2)新幹線

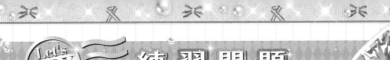

1 それぞれの国に関する説明を，次のア～エから1つずつ選びましょう。

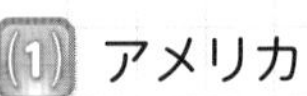

(1) アメリカ 

(2) 中国 

(3) 韓国 

(4) サウジアラビア 

ア この国で生まれたジーンズやハンバーガーが，世界に広まっている。

イ チマ・チョゴリやキムチが有名である。

ウ 国のおもな産業は石油産業で，日本が最も多く石油を輸入している。

エ 人口が世界最大の国で，長い歴史をもっている。

2 次の問題に答えましょう。

(1) 右の衣装(いしょう)はどの国の伝統衣装ですか。

(2) 次の文の空(くう)らんにあてはまる言葉を書きましょう。

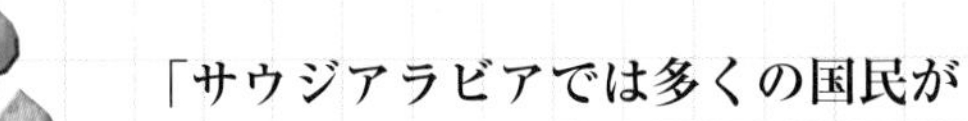

「サウジアラビアでは多くの国民が  教を信仰している。」

ソラ先生，日本はいろいろな国と関わりがあるのね。

そうだね。日本は**自動車**や**鉄鋼**(てっこう)などを**輸出**し，**小麦**などの**食料**や**石油**は**輸入**しているから，外国なしでは生活していけないってわけだ。

19 世界の人々とともに生きる

国際連合や環境問題についておさえよう。

1 国際連合

世界の平和を守り，人びとのくらしをよくするための活動をしているよ。

- 本部はニューヨークにある。
- **ユネスコ**や**ユニセフ**などの国際機関がある。

学校でユニセフ募金の活動を見たことあるわ！厳しいくらしをしている国に送るのよね。

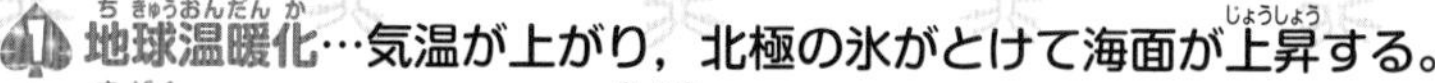

2 さまざまな環境問題

1. **地球温暖化**…気温が上がり，北極の氷がとけて海面が上昇する。
2. **砂漠化**…植物が育たない地域が広がる。
3. **酸性雨**…大気汚染により，酸性の雨が降る。

これからは，環境をこわさず，人々の消費を支えるための「**持続可能な社会**」という考え方が重要になるんだ。

3 さまざまな支援活動

- **NGO**（**非政府組織**）は，世界各地で活動している。
- 日本が行っている**ODA**（**政府開発援助**）の1つに**青年海外協力隊**がある。

発展途上国に農作業を教えるなどの技術指導を行っているんだって！

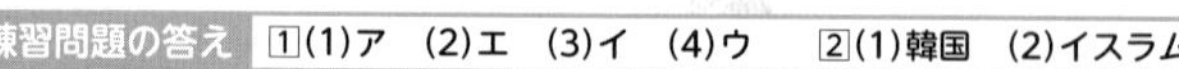

練習問題の答え　①(1)ア　(2)エ　(3)イ　(4)ウ　②(1)韓国　(2)イスラム

Let's TRY 練習問題

1 次の文の空らんにあてはまる言葉を書きましょう。

(1) [　　　] は，世界の平和を守り，人々のくらしをよくするための活動をしている。

(2) 国際連合の国際機関である [　　　] は，募金活動を通して，厳しいくらしをしている国に支援をしている。

(3) 世界で活やくしている非政府組織のことを，[　　　] という。

2 文にあてはまる環境問題を，あとのア～ウから１つずつ選びましょう。

(1) 気温が上がり，海面が上昇する。

(2) 大気汚染により，酸性の雨が降る。

ア 砂漠化　　イ 地球温暖化　　ウ 酸性雨

地球温暖化は，自動車の排気ガスや，ごみを燃やしたときのガスが増えたのが原因の１つと考えられているんだ。

これだけはおさえて！

日本は，「持続可能な社会」をめざして，努力しているよ。

これで小学校の社会は終わり！生きていくうえで，社会の知識は役に立つよ。おつかれさまー。

\ おさえておこう！/
ポイントまとめ

政治と歴史，しっかりおさえよう！

ポイント1 日本国憲法の3つの原則

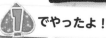

1 でやったよ！

国民主権…国の政治に関する主権は国民にある。

基本的人権の尊重
…国民のさまざまな権利と自由を保障している。

平和主義…外国との争いは，武力で解決しない。

ポイント2 国の政治のしくみ

2 でやったよ！

国会と内閣のしくみ

- 国会（衆議院・参議院）→ 内閣：内閣不信任の決議
- 内閣 → 衆議院：衆議院の解散
- 国会 → 内閣：内閣総理大臣の指名
- 内閣 → 国会：連帯責任
- 内閣：内閣総理大臣 → 国務大臣：任命・罷免
- 国民 → 国会：選挙

裁判所のしくみ

- 最高裁判所
- 高等裁判所
- 地方裁判所　家庭裁判所
- 簡易裁判所

国会，内閣，裁判所がたがいに抑制しながら政治を行っていたね。

ポイント3 縄文時代～平安時代の人物

5～7 でやったよ！

卑弥呼…邪馬台国を治めた女王。

聖徳太子…十七条の憲法や冠位十二階を定めた。

中大兄皇子…大化の改新を行った。

聖武天皇…奈良の東大寺に大仏をつくった。

藤原氏…むすめを天皇と結婚させて力をにぎった。

練習問題の答え　1(1)国際連合　(2)ユニセフ　(3)NGO　2(1)イ　(2)ウ

ポイント4 鎌倉時代～室町時代の人物

平氏…壇ノ浦の戦いで源氏にほろぼされた。

源頼朝…鎌倉幕府を開いた。

足利義満…室町幕府３代将軍で金閣を建てた。

足利義政…室町幕府８代将軍で銀閣を建てた。

10～12 でやったよ！

ポイント5 安土桃山時代～江戸時代の人物

織田信長…安土城をつくり，楽市・楽座を行った。

フランシスコ・ザビエル…キリスト教を日本に伝えた。

豊臣秀吉…天下統一をなしとげた。

徳川家康…江戸幕府を開いた。

歌川広重…浮世絵で人気を集めた。

近松門左衛門…人形浄瑠璃の脚本を書いた。

杉田玄白…「解体新書」を出した。

本居宣長…「古事記伝」を出した。

ポイント6 明治時代の人物

ペリー…日本に開国を求めて来航した。

板垣退助…自由民権運動を進めた。

伊藤博文…憲法の草案をつくり，
初代内閣総理大臣となった。

西郷隆盛…明治政府に不満を持ち，
西南戦争を起こした。

陸奥宗光…領事裁判権の撤廃に成功した。

小村寿太郎…関税自主権の回復に成功した。

東郷平八郎…日露戦争で活やくした。

陸奥宗光と
小村寿太郎は
不平等条約を改正
させたね。

チェックテスト【社会】

⇒答えと解説は P.199

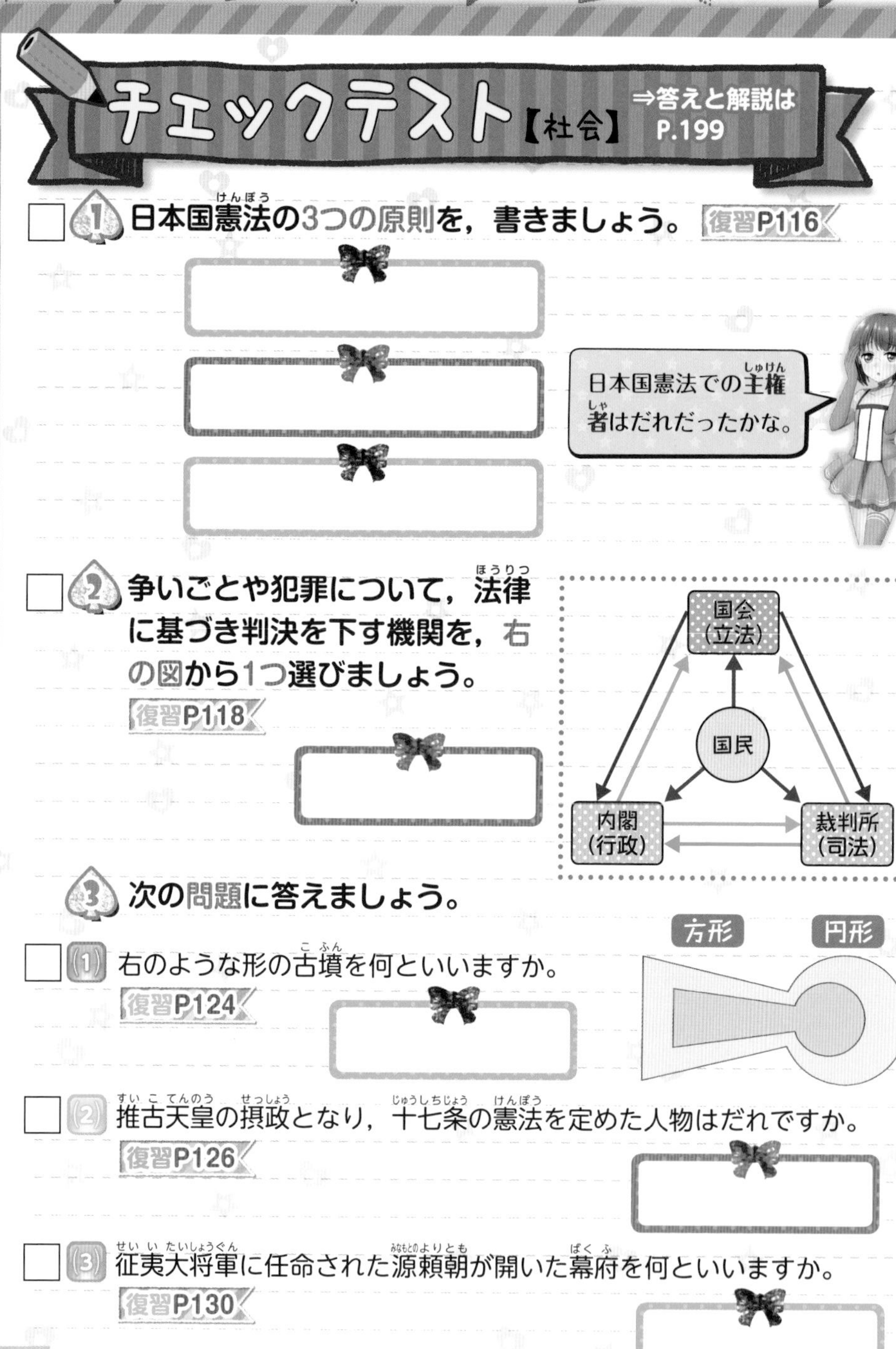

□ 1 日本国憲法の3つの原則を，書きましょう。 復習P116

□ 2 争いごとや犯罪について，法律に基づき判決を下す機関を，右の図から1つ選びましょう。
復習P118

3 次の問題に答えましょう。

□ (1) 右のような形の古墳を何といいますか。
復習P124

□ (2) 推古天皇の摂政となり，十七条の憲法を定めた人物はだれですか。
復習P126

□ (3) 征夷大将軍に任命された源頼朝が開いた幕府を何といいますか。
復習P130

4 次の□にあてはまる言葉をそれぞれ答えましょう。

□ (1) 室町幕府の3代将軍足利義満は，京都に□を建てた。 復習P132

□ (2) 織田信長のあとをついだ□は，天下統一をなしとげた。 復習P134

農民から刀を取り上げる刀狩を行っていたね。

□ (3) 江戸幕府は，□を定めて，全国の大名を支配した。
復習P136

5 次の問題に答えましょう。

□ (1) 明治政府の政策を，次のア～エから1つ選びましょう。 復習P140

ア 大仏をつくった。　　イ 廃藩置県を行った。

ウ 検地を行った。　　エ 楽市・楽座を行った。

□ (2) ドイツの憲法を学び，初代内閣総理大臣になった人物を，次のア～エから1人選びましょう。 復習P142

ア 板垣退助　　イ 西郷隆盛

ウ 伊藤博文　　エ 本居宣長

プチ休けい

いつの時代もおしゃれが好き！

時代によって女の子の服装も変化してきたよ！いつの時代もかわいいな！

弥生時代

貝がらやひすいという宝石を，耳かざりや首かざりとして使っていた。

オシャレポイント

女の子にとってアクセサリーは必須！当時は貝がらという身近なアイテムで代用よ！

平安時代

宮中の女性の間で，着物を何まいも重ねて着る十二単が流行した。

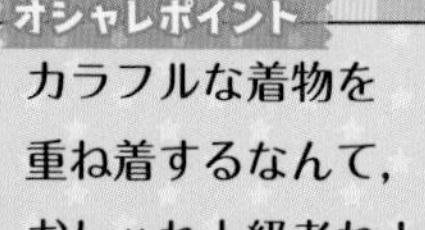

オシャレポイント

カラフルな着物を重ね着するなんて，おしゃれ上級者ね！

オシャレポイント

頭にリボンをつけて，オシャレ度もUPよ！

明治時代

西洋の文化が広がり，女子学生の間で動きやすい袴が流行した。

プチ休けい

どきどき♡イケメン作家

きみの好きな作家ってどんな人？作家の姿(すがた)やエピソードを知ればもっと好きになるかも。

右の人、昔の作家なんだよ。かっこいいでしょ？

ほんとだ。そういえば作家がどんな人かなんて、考えたことなかった。でも、この人の名前どこかで聞いたことあるような。

あ、芥川賞(あくたがわしょう)のことかな。有名な賞よね。

芥川龍之介(あくたがわりゅうのすけ)（一八九二〜一九二七）

夏目漱石(なつめそうせき)を師としてしたった。若(わか)いころに作家としてデビューし、たくさんの作品をのこした。子ども向けの「蜘蛛(くも)の糸」や「杜子春(とししゅん)」といった作品もある。

芥川が奥(おく)さんとこんやくしていた時に、奥さんにあてた、すてきなラブレターものこっているよ。

川端康成(かわばたやすなり)（一八九九〜一九七二）

日本最初のノーベル文学賞を受賞した。キリリとしたイケメンだね。

おすすめの作品

「伊豆(いず)の踊子(おどりこ)」

太宰治(だざいおさむ)（一九〇九〜一九四八）

青森県の大地主の息子(むすこ)に生まれた。するどい感性で「走れメロス」などを書いた。

おすすめの作品

「走れメロス」

2 次の語は、あとのア〜ウのどれとどれを組み合わせた複合語ですか。あてはまるものを、あとのア〜ウから二つずつ選びましょう。

復習P191

(1) コピー用紙　□　＋

(2) 制限速度　□　＋

(3) 聞き取る　□　＋

(4) 花火大会　□　＋

ア 和語　イ 漢語　ウ 外来語

3 次の――線の語を（　）の敬語に直して書きましょう。

復習P187

(1) 全力で走る。（ていねい語）　□

(2) 先生の絵をみます。（けんじょう語）　□

(3) 先生から本をもらう。（けんじょう語）　□

(4) 先生はいますか。（尊敬語）　□

「ごらんになる」は
「見る」の尊敬語だね。
まちがえないように
しよう。

練習問題の答え

1 (1)ウ　(2)ア　(3)エ　(4)オ　(5)イ

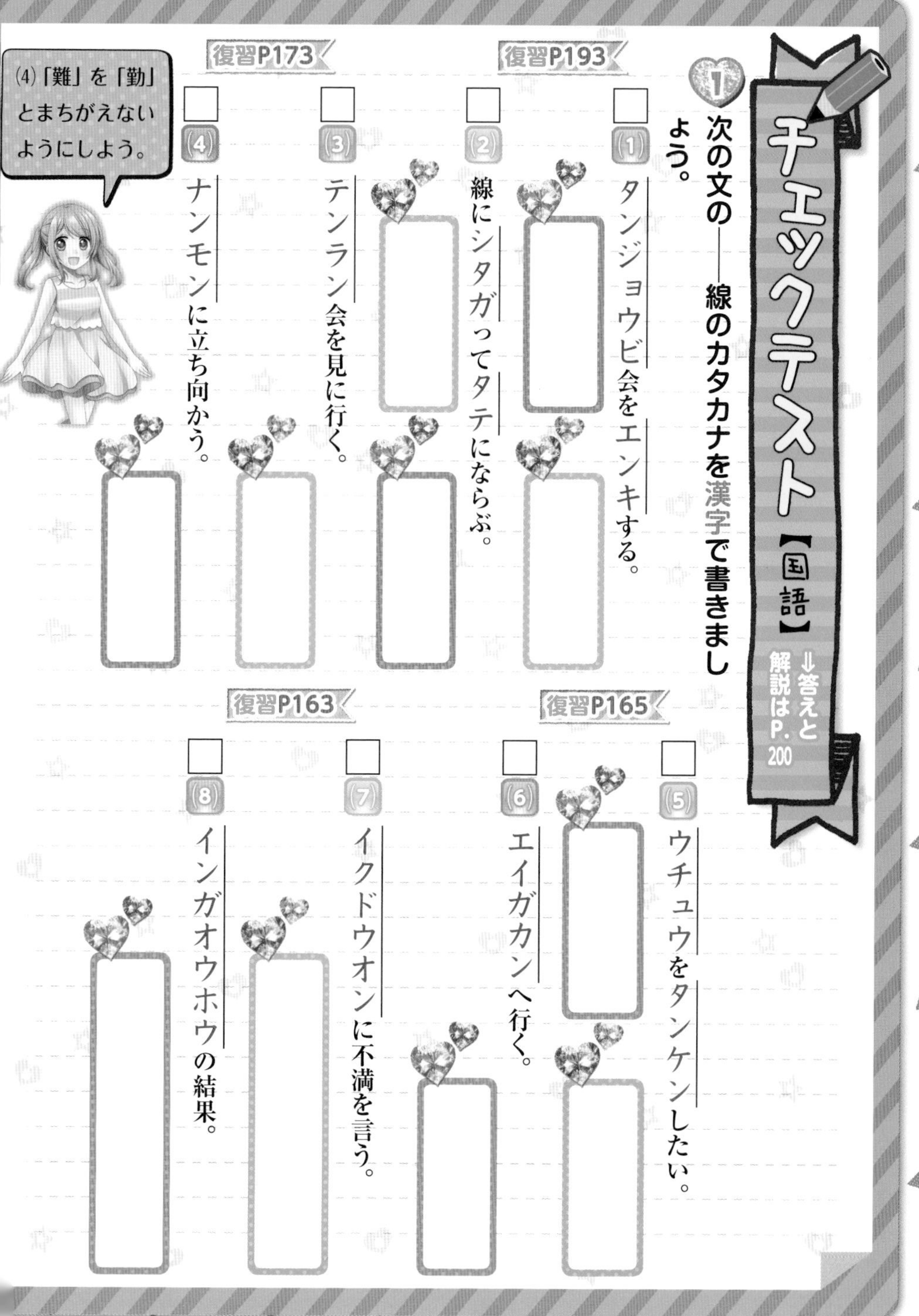

チェックテスト【国語】

⇓答えと解説はP.200

1 次の文の――線のカタカナを漢字で書きましょう。

復習P193

□ (1) タンジョウビ会をエンキする。

□ (2) 線にシタガってタテにならぶ。

復習P173

□ (3) テンラン会を見に行く。

□ (4) ナンモンに立ち向かう。

⑷「難」を「勤」とまちがえないようにしよう。

復習P165

□ (5) ウチュウをタンケンしたい。

□ (6) エイガカンへ行く。

復習P163

□ (7) イクドウオンに不満を言う。

□ (8) インガオウホウの結果。

Let's TRY 練習問題

1 次の熟語の意味を、あとのア～オから一つずつ選びましょう。

(1) 大器晩成

(2) 最高潮

(3) 異口同音

(4) 感無量

(5) 因果応報

ア クライマックスのこと。

イ 過去の行いに応じて報いがあること。

ウ 才能がある人は成功するまでに時間がかかること。

エ たくさんの人が同じことを言うこと。

オ 心の動きがはかりしれないほど大きいこと。

明日、学校で漢字のテストがあるのに全然覚えてないよ～、どうしよ～。

ルナ、遊んでばかりいたんだね…。これは因果応報だよ。今からがんばれ！

さっそく四字熟語を使っているね。三字熟語・四字熟語は、意味と使い方も合わせて覚えよう！
使えるようになる近道だよ。

練習問題の答え
1 (1)映 (2)〇 (3)届 (4)〇

17 熟語

三字・四字熟語を覚えよう。

漢字を三つ、または四つ使った熟語は数多くあるよ。大事なものを覚えよう！

漢字二字でできた言葉を二字熟語というよ。

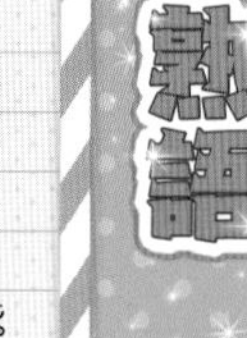
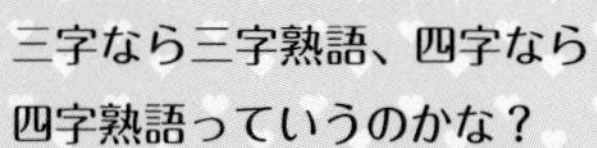

三字なら三字熟語、四字なら四字熟語っていうのかな？

そのとおり！今日は三字熟語、四字熟語を学習しようね。

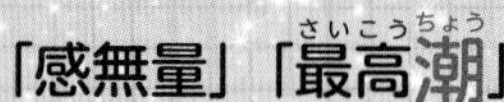

「感無量」「最高潮」

「異口同音」「因果応報」「大器晩成」

聞いたことのある言葉もあるね。

感無量…心の動きがはかりしれないほど大きいこと。
例 優勝に感無量のようすだ。

最高潮…クライマックスのこと。
例 ドラマは最高潮に達した。

異口同音…たくさんの人が同じことを言うこと。
例 異口同音に賛成した。

因果応報…過去の行いに応じて報いがあること。
＊悪い報いが起こるときに使うことが多い。「身から出たさび」などと同じ意味。

大器晩成…才能がある人は成功するまでに時間がかかること。

練習問題

Let's TRY

1 次の文の――線の漢字が正しいものは○を、まちがっているものは正しい漢字を書きましょう。

(1) 映画をみに行く。

(2) そぼくな疑問。

(3) 荷物が届く。

(4) 宇宙を探検する。

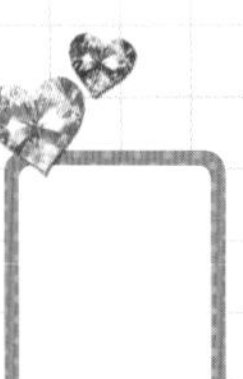
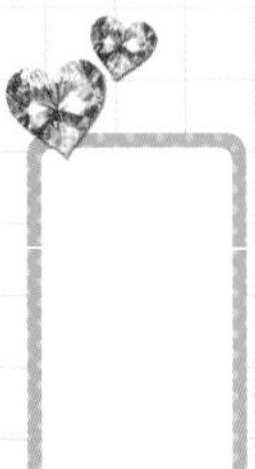
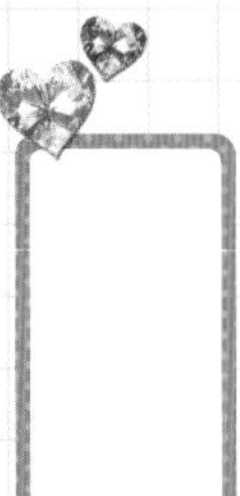

「疑問」の「疑」、「探検」の「探」、「危険」の「危」のほかの読み方を教えて、レモン。

こんな訓読みがあるよ。送りがなに気をつけて覚えようね。

「疑」＝「うたが-う」
「探」＝「さが-す」
「危」＝「あぶ-ない」

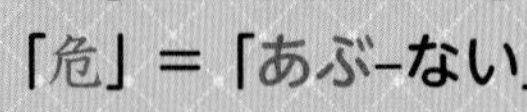

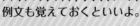

例文も覚えておくといいよ。
・目を疑うようなできごと。
・読みたい本を探す。
・川の水が増えていて危ないから近づかないでね。
などのように使うよ。

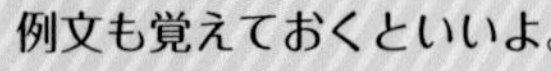

練習問題の答え　1 イ

6年生で習ういろいろな漢字を集めたよ。**読み方**と**使い方**を覚えよう！

身近な漢字③

いろいろな漢字を覚えよう。

将来(しょうらい)の夢

宙宇を深検したい

葉月ルナ

ちょっと、ルナ、大事なところで漢字をまちがってるよ。

あれ？いつか宇宙の疑問(ぎもん)を解明しようと思って書いたのに。

まあ、まちがえやすい漢字だけど。マジでめざしてるなら、まちがえちゃだめだよ〜。

- **宇宙**(うちゅう)がぶ台(たい)の**映**(えい)画(が)。
- **純**(じゅん)すいな気持ち。

がけがくずれそうで**危**(き)険(けん)な地(ち)**域**(いき)。

一**冊**(さつ)の本が**届**(とど)いたよ。

×宙宇　→　○宇宙

×深検　→　○探検(たんけん)

次の漢字にも気をつけよう。

「疑」…疑 はねる

「映」…へんに注意

「純」…純 つき出す

「危」…危 はねない

「域」…域 字形に注意

「冊」…冊 つき出す

「届」…「田」ではなく、「由」

ことみ　人口全体にしめる子どもの割合(わりあい)が低くなって、高齢者の割合が高くなることです。②他の国ではどうでしょうか。

あおい　グラフの形が一九七〇年の日本に似ている国はインドです。二〇一八年の日本に似ている国は B ですね。中国のグラフの形は一九九〇年の日本に似ています。

――線②の質問の答えだね。

1 右の文章の A と B にあてはまる言葉の組み合わせを、次のア〜ウから一つ選びましょう。

ア　A　子ども　　B　アメリカ合衆国
イ　A　高齢者　　B　アメリカ合衆国
ウ　A　高齢者　　B　インド

資料が何年のどの国のものか確かめよう。

国によって、年によって人口の構成がちがうね。

これだけはおさえて！

会話の内容と資料の内容を対応させながら読もうね。

少子高齢化の問題にも興味を持ってくれるとうれしいな！

練習問題の答え
1 (1) 幕・暮　(2) 盛・誠　(3) 諸・著

15 文章の読みとり（会話文）

資料を読みとろう。

日本、中国、インド、アメリカ合衆国の年齢階級別の人口構成の資料を見て、あおいさん、けんたさん、ことみさんが話し合いをしました。

あおい　一九七〇年の日本では二〇歳代を中心に若い人たちの人口が高齢者より多かったようですね。

けんた　そうですね。でも、一九九〇年にはグラフの形が変わっています。二〇歳以下の、特に一〇歳以下の人口が減っていて、六〇歳以上の人口が増えています。そして二〇一八年には①若い人たちより［A］の人口が多くなっています。

ことみ　少子高齢化を示すグラフの形ですね。

けんた　少子高齢化とはなんですか？

資料：年齢階級別の人口構成

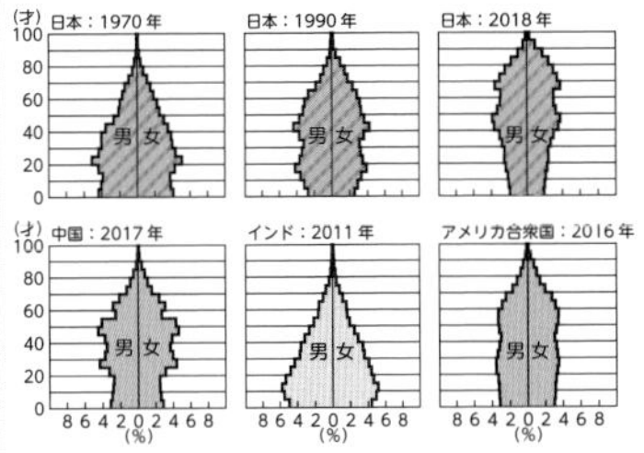

日本：1970年
日本：1990年
日本：2018年
中国：2017年
インド：2011年
アメリカ合衆国：2016年
(才)
100
80
60
40
20
0
男
女
8 6 4 2 0 2 4 6 8
(%)

(2019/20年版「日本国勢図会」)

――線①の部分を受けて述べられているね。

けんたさんの会話の内容は、日本の人口構成の変化を資料から読みとっているよ。

あおいさん、けんたさん、ことみさんの会話は、それぞれ資料のどこの部分の説明をしているかな。

子どもが少ないと、その世代が大人になったとき、大人が少なくなるということ？

そうだね。**少子高齢化**によって、社会にいろんな影響が出るんだって。

Let's TRY

練習問題

1 次のカードに書かれている漢字と共通して組み合わせることができるものを下の青いカードから選び、漢字を完成させて書きましょう。

(1)

巾

日

(2)

皿

言

(3)

言

艹

者
成
莫
「日が暮れる」や
「幕を開ける」が
ヒントだね。
これもヒントだよ。
「誠意ある態度」
「盛りそばを食べる」
「諸外国を旅行して、見てきたことをまとめた著書」、
これもヒントだね。

練習問題の答え

1 ア…夏　イ…春　ウ…秋

14 形の似た漢字③

共通する部分を持つ漢字を覚えよう。

共通する部分を持つ漢字にはどのようなものがあるかな。共通する部分に注目しよう！

漢字って共通する部分に注目すると、覚えやすいかなあ。

そうだね、ルナ。まとめてみるね。

「幕・暮」「盛・誠」
「諸・著」「簡・閣」
「乳・乱」

結構あるね。どこがちがうか例文といっしょに覚えるとよさそうね。

- 果物を盛(も)る。
- 誠実(せいじつ)な人。

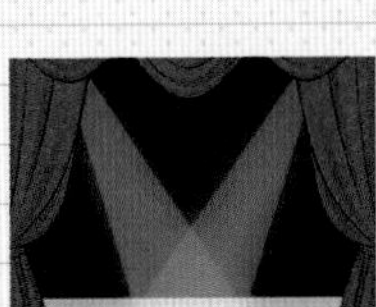

- ぶ台(たい)の幕(まく)が上がる。
- 夕暮(ゆうぐ)れの空。

- 諸国(しょこく)の大臣が集まる。
- 著者(ちょしゃ)のサイン会。

- 牛乳(ぎゅうにゅう)を飲む。
- 列が乱(みだ)れる。

- 簡単(かんたん)な問題。
- 天守閣(てんしゅかく)に上がる。

秋は夕暮れ。夕日がさして、山の頂にしずみかけようとするころ、カラスがねぐらへ行こうと、三つ四つ、二つ三つと、飛びいそぐすがたさえしみじみと感じます。まして、カリなどが列をつくっているのが遠くに小さく見えるのは、とてもおもむきがあります。日がしずんでしまってからきこえてくる風の音や虫の音は、しみじみとしています。

（齋藤 孝『齋藤 孝の親子で読む古典の世界』より）

Let's TRY 練習問題

1 右の文章を読んで、次の文がそれぞれどの季節のよさを説明したものか、その季節を漢字で書きましょう。

ア　ホタルがとびかう夜がいい。

イ　山ぎわの空が少し明るい明け方がいい。

ウ　鳥たちが列をつくって飛んでいる夕暮れがいい。

ア［　　］

イ［　　］

ウ［　　］

文章にえがかれている風景を思いうかべてみよう。

カリが列をつくって遠くに見えるって、こんな感じだね。

これが雁だよ。

カリはわたり鳥の「ガン」のことだよ。『大造じいさんとガン』のお話で出てきたね。

これだけはおさえて！

声に出して読みながら情景を想像してみようね。

1000年前の人が書いた古文の世界を思いうかべるのは楽しいなー。きみはどうかな？

練習問題の答え

1 (1)きんむ (2)展覧会 (3)賃金 (4)警察署 (5)たいさく

13 古文に親しむ

枕草子を読もう。

（古文）

春は曙。やう／＼しろくなり行、やまぎはすこしあかりて、むらさきだちたる雲のほそくたなびきたる。

夏はよる。月のころはさら也、闇もなを、ほたるの多くとびちがひたる。又、たゞ一二など、ほのかにうちひかりて行もおかし。雨などふるも、おかし。

秋は夕暮。夕日のさして山のはいとちかうなりたるに、からすの寝所へ行とて、三四、二みつなど、とびいそぐさへあはれなり。まいて雁などのつらねたるが、いとちいさくみゆるは、いとおかし。日入はてて、風の音むしの音などいとあはれなり。

（口語訳）

春は、あけぼの（明け方）がいい。だんだん白んでゆき、山ぎわの空が少し明るくなって、紫がかった雲が細くたなびいているのは最高です。

夏は夜。月のあるころはいうまでもありませんが、闇夜でもホタルがたくさんとびかっているのや、一つ二つなど、かすかにひかりながら飛んでいるのもおもしろい。雨のふる夜も風情があります。

雲などが横に長く引くこと、だよ。

ホタルがたくさんいるのも、少しだけ飛んでいるのも、どちらもよいと言ってるね。

レモン、この文章は季節ごとのよいところを書いているの？

そうよ。約1000年前に、清少納言という女性が、自分の見たり聞いたりしたことや感想を書いたんだって。

大切！

清少納言は、皇后である中宮定子に仕えていたんだ。その体験などをまとめたものが『枕草子』だよ。

Let's TRY 練習問題

1 次の文の――線の漢字の読み方をひらがなで、カタカナは漢字で書きましょう。

(1) 小学校に勤務する。

(2) テンランカイに出品する。

(3) チンギンをはらう。

(4) ケイサツショの前を通る。

(5) 台風への対策を考える。

「難」は「むずか-しい」とも読むんだよね。

「勤」は「つと-める」とも読むから、訓読みで考えると、使い方をまちがえずにすみそうだね。

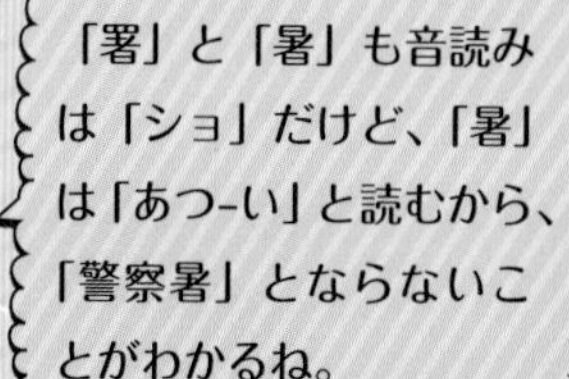

「署」と「暑」も音読みは「ショ」だけど、「暑」は「あつ-い」と読むから、「警察署」とならないことがわかるね。

練習問題の答え
1 ①A ②C

12 まちがえやすい漢字②

まちがえやすい漢字を正しく覚えよう。

まちがえやすい漢字はまだまだたくさんあるよ。注意して正しく覚えよう！

ルナから手紙が回ってきたんだけど…。

今日のテスト勤問だらけ。ぜ～んぜんダメだった。

あ、レモンまで届(とど)いた？テスト、ほんとに難(むずか)しかったよね。

×勤問　→　○難問

ルナったら「難問」って言いたかったんだね。ほかにも、形が似ている字や、点や線に注意する字があるよ！

- 勤務(きんむ)地が変わる。
- 難問(なんもん)を解く。

「勤」と「難」は使い方に注意しよう。

- 「署(しょ)」は「暑」ではないよ。「警察署(けいさつしょ)」のように使うよ。
- 「賃(ちん)」と「貸」は使い方がちがうよ。

形の似ている字…「難」と「勤」、「署」と「暑」、「賃」と「貸」

点や線に注意する字…「降(こう)」「策(さく)」「将(しょう)」「展(てん)」

「策」の○の部分を「策」としないようにね。

「降」の○の部分はつき出すよ。「降」としないようにしよう。

- 「将」の○の部分は「てへん」ではないよ。
- 「展」の○の部分に注意！「展」としないよ。

（意味）知っていることは知っているとし、知らないことは知らないこととする。それがほんとうに知るということです。

（齋藤 孝『齋藤 孝の親子で読む古典の世界』より）

知らないことはすなおに認めようということだね。

Let's TRY 練習問題

1 次の①・②にあてはまるものを右のⒶ〜Ⓓから一つずつ選びましょう。

ルナも人から悪口を言われたらいやでしょ？
うん。（ ① ）という言葉を知って、悪口を言うのはやめようと思った。
（ ② ）という言葉のとおり、私にはルナの考え方がお手本になっているよ。

① [ ]

② [ ]

友だちがよいことをしていれば見習おうって思うよね。

それを孔子はどう言ってるかな？

漢文は、中国の昔の文章で、もともとすべて漢字で書かれているけど、これはひらがなも使って読みやすいように書き直してあるよ。声に出して読んで、意味をかみしめてみようね。

練習問題の答え
1 (1) ①納 ②治 ③収 ④修
(2) ①移 ②映

11 漢文に親しむ

漢文を読もう。

Ⓐ 己れの欲せざる所は人に施すこと勿かれ。

（意味）自分がされていやなことは、ひとにしてはいけません。

Ⓑ 過ちて改めざる、是れを過ちと謂う。

（意味）まちがいをおかしてもあらためない。これを、ほんとうのまちがいといいます。

Ⓒ 我れ三人行なえば必らず我が師を得。

（意味）三人で行動をすると、必ずそのなかに自分の手本になるひとを見つけることができます。

Ⓓ これを知るをこれを知ると為し、知らざるを知らずと為せ。是れ知るなり。

孔子は、これを思いやりだと言ったそうだよ。

まちがいをしたら、どうしてまちがったのかを考えることが大切だね。

孔子は弟子からも学ぼうとした人だったんだ。どんな人からも学べることがあるということなんだって。

上の文の内容はすべて論語に書いてあるものだよ。紀元前500年ごろの中国に孔子という思想家がいてね。論語は、孔子が話したことを死後に集めたものといわれているんだ。

なんだか難しいことをいわれているような気がするよ、レモン…。

確かに難しく思えるけど、身近なことにもいえることじゃない？

Let's TRY 練習問題

1 次の文の――線のカタカナにあてはまる漢字を、それぞれ□から選んで書きましょう。

(1)

❶ 費用をオサめる。
❷ 国をオサめる。
❸ 利益をオサめる。
❹ フランス語をオサめる。

治・修・収・納

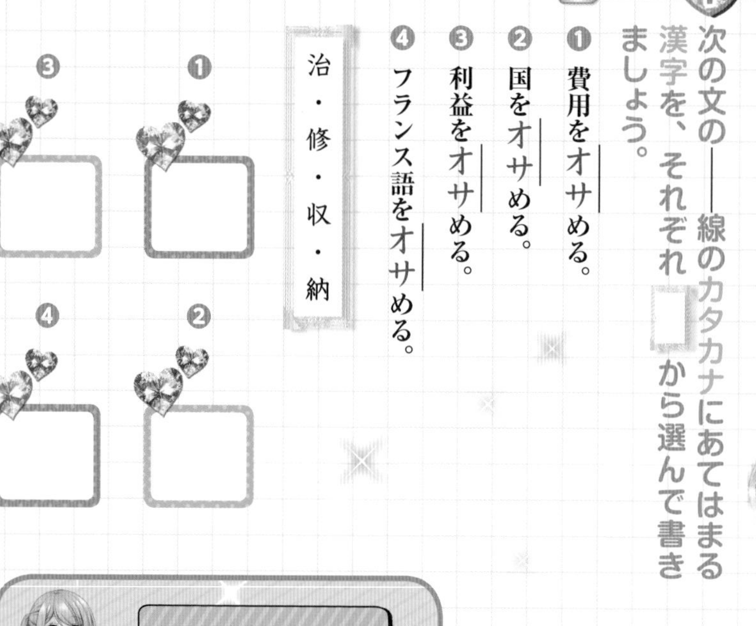

❶ ❷ ❸ ❹

(2)

❶ となりの席にウツる。
❷ 鏡にウツった顔。

移・映

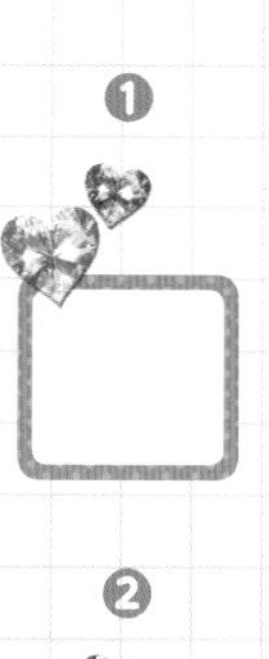

❶ ❷

ルナに質問だよ。「あたたかい地域(ちいき)。」はどっちだと思う？
① 暖かい
② 温かい
う〜ん、暖かい、温かい…、どっちだろ〜。
「暖かい」は気温について、「温かい」は物や気持ちについて使うことが多いよ。そうすると、「暖かい地域。」だとわかるね。

練習問題の答え 1 ウ

身近な漢字②

山登りで漢字を覚えよう。

今日は山登り！とちゅうに湖もあるよ。同訓異字に気をつけて、風景をメモしながら登っていこう。

レモン、湖だよ。きれいだね～。忘れないようにメモしておこうっと。

水面に山が移っている。

ん？水面に山が移動したわけじゃないよね？こう書きたいのかな。

水面に山が映っている。

何がちがうの？

意味が変わっちゃうんだよ。使い分けや、ほかの同訓異字をまとめたよ。

「移る」…ちがう場所に置きかわること。
「映る」…水面などに姿などが見えること。
「写る」…写真に形が現れること。

- 住んでいる場所を移る。
- かべにかげが映る。

- 「修める」・「収める」・「納める」・「治める」
- 「暖かい」・「温かい」
- 「供える」・「備える」

- 学問を修める。
- くつを箱に収める。
- 会費を納める。
- 町を治める。

- 暖かい部屋。
- 温かいスープ。

- お酒を供える。
- 台風に備える。

重陽山（しげようざん）さんと清原友也（きよはらともや）さんでした。二人は被害を受けて枯れた松の幹を小さく切ってシャーレにいれ、犯人のカビを培養（ばいよう）して発見しようとしていました。

（近田文弘（こんたふみひろ）『海岸林が消える?!』より）

つなぎ言葉がそのあとの内容を示しているよ。
「しかし」…前に述べていたことを否定（ひてい）している。
「そこで」…新たな展開（てんかい）を示している。

Let's TRY 練習問題

1 右の文章の内容として正しいものを、次のア〜ウから一つ選びましょう。

ア 松が枯れる最大の原因は大気汚染だとわかった。

イ 昔は、害虫が激しく松を枯らしていた。

ウ 松が枯れる原因のカビをつきとめようとしていた。

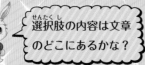

選択肢（せんたくし）の内容は文章のどこにあるかな？

「〜考えました」や「〜考える人もいました」は、だれの考えかな。順を追って、説明されていることを整理しようね。

これだけはおさえて！

文章中で使われているつなぎ言葉に注目しようね。

今回の説明文の読みとりは、「なぜ」に注目して、その理由をさがすように読み進めていこう!

練習問題の答え
1 (1)扌、揮・拡 (2)木、棒・株 (3)言、誌・詞 (4)刂、刻・割

9 文章の読みとり（説明文）

つなぎ言葉をとらえて読もう。

なぜ松がこのように激しく枯れるのか、その原因は長いあいだわかりませんでした。はじめは、松の幹をかじる昆虫が原因ではないかと考えられました。そして、松が枯れるようすを人びとは「松くい虫の被害」とよびました。ゾウムシ類、キクイムシ類、カミキリムシ類など、松の幹に穴を開ける害虫が犯人と考えられました。しかし、これらの害虫はどれも、激しい松の枯れを引き起こす犯人ではないとわかりました。

そこで、研究者たちは、なにか未知の微生物かカビの仲間が松をしおれさせる病気を起こすのではないかと考えました。研究者の中には、松が枯れるのは、公害による大気の汚染が原因と考える人もいました。たくさんの研究者が熱心な努力をつづけた結果、昭和四十五年（一九七〇）ころから、その原因がだんだんにわかってきました。

研究の突破口を開いたのは、林業試験場九州支部の徳

■をふくむ部分は、「なぜ」という疑問への答えかもしれないよ。

最初の「なぜ」に注目してみよう。疑問をなげかけているね。この部分に注目すると、この文章で何を伝えようとしているかがわかるよ。

松はどうして枯れるのかなあ。

ゾウムシ類、キクイムシ類、カミキリムシ類は犯人あつかいされたけど、ちがったんだね。

Let's TRY

練習問題

1 上のカードに共通する「へん」か「つくり」を下のカードから選び、●と●を――でつなぎましょう。また、できた二つの漢字を書きましょう。

(1) 軍・広 ● ● リ

(2) 奉・朱 ● ● 言

(3) 志・司 ● ● 扌

(4) 亥・害 ● ● 木

「へん」や「つくり」にも何か意味があるの？

ほかにも、「ごんべん」は言葉の意味があるよ。「てへん」は手、「きへん」には木の意味があるよ。

たとえば、「りっとう」には刀の意味があるんだよ。

これだけはおさえて！

漢字に共通する「へん」や「つくり」に注目して覚えよう。

同じ「へん」や「つくり」の漢字をまとめて覚えていこう！

8 形の似た漢字②

「へん」「つくり」に注目して漢字を覚えよう。

「へん」や「つくり」が同じ漢字を学習しよう。

レモン、「へん」や「つくり」が同じ漢字には、どんなものがあるの？

じゃあ、これを見て！

「誌・詞」「拡・揮」
「株・樹・棒」「割・刻・創」

・歌詞を覚える。
・指揮棒をふる。

「へん」や「つくり」にはどんなものがあるの？

こんなのがあるよ。

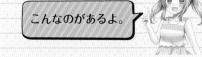

- 「言」…「ごんべん」
- 「扌」…「てへん」
- 「木」…「きへん」
- 「刂」…「りっとう」

時計で時刻を確認する。

・大樹の切り株。
・どんぐりを割る。

虫眼鏡で文字を拡大する。

雑誌の創刊号が出た。

ずっとならんでいるよね。それは、パーマークといって、サケ科の魚の特徴なんだ」

「よく知っているんだね。たいしたもんだ」

水口さんは、おおげさにいって、またうなった。森人は、すこし得意になった。

（及川和男『森は呼んでいる』より）

森人がイワナのことをよく知っていて、ほこりをもって話していることが伝わってくるね。

イワナ、ヤマメ、おいしそう!

ん？ルナは「花よりだんご」だな…。

Let's TRY 練習問題

1 右の文章について、水口さんはイワナとヤマメを見てどう思ったでしょうか。次のア〜ウから一つ選びましょう。

ア　イワナとヤマメの斑点が気持ち悪い。

イ　イワナとヤマメはとても美しい。

ウ　イワナとヤマメを食べてみたい。

水口さんはイワナとヤマメを見てどう言っているだろう。

「美しいなあ、神秘的だなあ」とうなっているね。

練習問題の答え

1 (1)奏 (2)看 (3)専 (4)拝

7 文章の読みとり（物語）

登場人物の心情をとらえよう。

森人は小学五年生。山にある父の養魚場に、海の養殖場で働く水口さんが、小学五年生のはるみを連れて訪れた。

水口さんは、イワナとヤマメについて、さかんに質問をくりかえした。はじめてきた人は、みなそうなのだった。森人は、父からおそわった知識で、答えた。答えるたびに、水口さんは、すごく感心したようにうなった。

イワナとヤマメをあみですくって、ポリバケツに入れて見せてやると、

「美しいなあ、神秘的だなあ」

と、**うなりどおしだった。**

「このイワナのからだの点てん、見ていると、海に雪がふっているみたい」

はるみが、そういった。うまいことという、と森人は思った。青緑の背中から、青みがかった灰色の腹にかけて、ちいさな水玉もようのように、斑点があるのだった。

「これはね、エゾイワナ特有の斑点なの。エラのつけ根から、尾ビレに、まっすぐ伸びている線は、側線ていうの。それから、だ円形のもようが、

イワナやヤマメは川にすんでいる魚なのよ。

そうなんだ！さすがルナ！
水口さんは、森人から、熱心にイワナのことを聞いているね。

うん。森人もいっしょうけんめい答えているみたい！

ほめられた森人は、「すこし得意になっ」ているね。ボクも、質問に答えるのは得意だよ。

「うなりどおしだった」は感心しているようすを表しているよ。

はるみがイワナをどう思いながら見ているかがわかるね。海に雪がふっているようすはきれいなんだろうね。

Let's TRY

練習問題

1 次の文の中には、まちがっている漢字が一字ずつあります。正しい漢字を書きましょう。

(1) ピアノの演奏会。

(2) 会場の前の看板。

(3) 音楽専用のホール。

(4) 神社で拝んで来た。

❶ 千円札

❷ 千円札

ルナ、❶と❷のどっちが正しいかな？

パッと見ると、どちらも正しそうに見えるね。う〜ん、どっちかな。

漢数字の「千」は、はじめの横線を右から左に書くよ。「千」は、左から右への横線だね。だから正解は❶だよ。

練習問題の答え

1 (1)イ (2)ウ (3)イ (4)ア 2 いらっしゃいました（来られました・来てくださいました）・申し上げ

まちがえやすい漢字①

正しく漢字を覚えよう。

気をつけるところを意識して、正しい漢字を覚えよう！

どんな漢字に注意しないといけないかな。

たとえば、こんなのかな。使い方はわかる？

- 看護師(かんごし)になりたい。
- 垂直(すいちょく)に線を引く。
- 専門家(せんもんか)の話を聞く。
- ピアノを演奏(えんそう)する。
- 洗(せん)たく物を干(ほ)す。
- 手紙を拝見(はいけん)する。

「看」の○の部分の横線は本数に注意。2本だよ。

「垂」の○の部分に注意。「垂」としないこと。

「奏」の○の部分に注目！「天」を「夫」にしないこと。

「専」の○の部分に「、」をつけないこと。

「干」の○の部分に注意。「千」じゃないよ。

「拝」の○の部分の横線は4本だよ。

Let's TRY

練習問題

1 次の——線の語は、ア「ていねい語」、イ「尊敬語」、ウ「けんじょう語」のうち、どれですか。ア〜ウから一つずつ選びましょう。

(1) 校長先生が
① お待ちになって　② います。

(2) りんごを
① いただく。

(3) お兄さんは
① いらっしゃい　② ますか。

(4) ニュースを聞き
① ます。

2 次の文章の——線のうち、まちがった使い方の敬語が二つあります。正しい敬語を書きましょう。

学校の近くの地域の方たちが、校庭の草取りのお手伝いをしに参りました。おかげで、自分たちでするよりも短い時間できれいにすることができました。草取りが終わったあと、いらっしゃった方たちにみんなでお礼をおっしゃいました。

リュウ先生、けんじょう語と尊敬語のちがいが、よくわかんないよ〜。

大切!
自分の立場を下げる表現で相手を敬うのがけんじょう語で、相手の立場を上げる表現で相手を敬うのが尊敬語だよ。ルナには難しいだろうよ…。

練習問題の答え
1 (1)①イ ②ア (2)①ウ ②ア ③イ (3)①イ ②ア

敬語

敬語の使い方を覚えよう。

目上の人などに使う**敬語**の種類や使い方を学習しよう！

レモン！クラス全員、急いで校庭に集合だって。校長先生は先に校庭に行ったよ。早くみんなに伝えなくちゃ。

ルナ、校長先生の行動には敬語を使ってみようよ。「校長先生は先に校庭に行かれました」がいいと思うよ。

なるほど～。じゃあ、さっそく敬語を使ってみるね。え～と、「わたしがクラスの人たちにおっしゃいます」。

う～ん、「おっしゃいます」だと、ルナが自分で自分を高めていることになるよ。ふつうに「伝えます」でいいよ。

なるほど。というか、早くみんなに伝えなきゃ！

五年生では敬語の基本を学んだね。六年生では、場面に応じた敬語の使い方を勉強しよう。また、敬語になることで特別な形に変わる言葉も覚えよう！

ていねい語

〈人前で話す場面〉

例 今から終わりの会を始めます。

尊敬語

〈話題となっている人（係の方）を敬う場面〉

例 係の方が案内してくださいました。

けんじょう語

〈話している相手を敬い、自分を下げる場面〉

例 今日は学校におります。

特別な形に変わる言葉

例 見る ➡尊敬語「ごらんになる」
けんじょう語「拝見する」

例 食べる➡尊敬語「めしあがる」
けんじょう語「いただく」

Let's TRY 練習問題

1 次の文の――線のカタカナにあてはまる漢字を、それぞれあとの□から一つずつ選びましょう。

(1)
① 教室のかざりつけにソウイくふうがある。
② クラスのソウイとして伝える。

ア 総意　イ 創意

① □　② □

(2)
① 集会でイギを唱える。
② 同音イギ語を見つける。
③ イギのある体験をする。

ア 異義　イ 意義　ウ 異議

① □　② □　③ □

(3)
① 日本には美しいシキがある。
② シキ者の役目を果たす。

ア 指揮　イ 四季

① □　② □

同音異義語は、漢字の訓読みや、漢字の持つ意味を考えると、わかりやすいよ。たとえば、このようにね。

「異」…こと-なる
「意」…意味・意志など
「義」…意味
「議」…意見

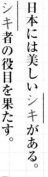

これだけはおさえて！

音が同じ漢字の場合、漢字が持つ意味を考えよう。

練習問題の答え
1 (1)ア (2)イ (3)ウ (4)ウ (5)イ (6)ア
2 (1)ア＋イ (2)ア＋ア (3)イ＋イ (4)ウ＋イ

身近な漢字①

クラス会で漢字を覚えよう。

身近な言葉から**同音異義語**を**確認**しよう！クラス会で合唱コンクールについて話し合ってるみたいだね。

今度の合唱コンクールで歌う曲は、合唱曲の本から選ぶことにしたいと思います。みんなの**総意**で決めますが**異議**はありますか？

異議な〜し！今のルナの言葉には、同音異義語がある言葉がふくまれているよ！

- **総意**は「すべての人の意見」。
- **創意**は「新たな思いつき」。

「そうい」…「総意」「創意」など
「いぎ」…「異議」「異義」「意義」など

あ、そうね。読み方が同じだとややこしいね。ところで、**指揮**をやりたい人はいますか？

- **異議**は「ちがう意見」。
- **異義**は「ちがう意味」。
- **意義**は「意味」。

また、同音異義語がある言葉がふくまれているよ！

- **四季**は「春、夏、秋、冬」。
- **指揮**は「オーケストラや合唱をまとめること」。

「しき」…「四季」「指揮」など

レモン…。もうわかったから、話し合いに参加して！

あ…、ごめんごめん、ついつい。じゃあ、わたし、指揮しま〜す！

Let's TRY
練習問題

1 次の語は、ア「和語」、イ「漢語」、ウ「外来語」のうち、どれですか。ア〜ウから一つずつ選びましょう。

(1) 泳ぐ

(2) 水泳

(3) スイミング

(4) ハート

(5) 愛

(6) 好き

2 次の語は、ア「和語」、イ「漢語」、ウ「外来語」のどれを組み合わせた「複合語」ですか。ア〜ウから二つずつ選びましょう。

(1) 花火大会

(2) 合言葉

(3) 修学旅行

(4) コーヒー牛乳(ぎゅうにゅう)

レモン、今度いっしょにかるたで遊ばない？
うん！いいよ。ところで、「かるた」って外来語なんだよ、知ってた？ポルトガルから来た言葉なんだよ！
えっ！そうなの？知らなかったなあ…。

「こんぺいとう」「かっぱ」も、ポルトガルから来た言葉なんだ。昔日本へ入って来た外来語には、日本語になじんで、外来語だと気づかないものもあるよ。

練習問題の答え
1 (1)誕 (2)潮 (3)縦 (4)忘 (5)秘

3 和語・漢語・外来語・複合語

言葉の由来を知ろう。

ぼくたちの周りは、**由来のちがう言葉**であふれているよ。どんな由来があるのか確認しよう！

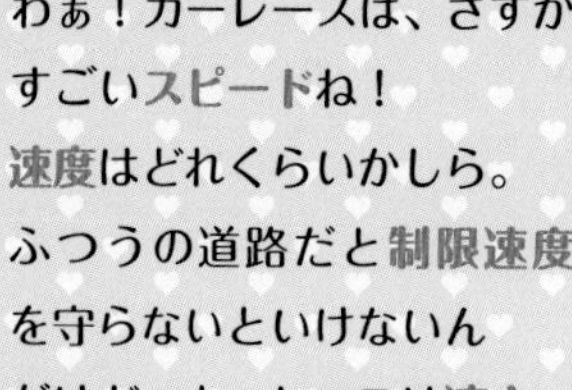

わぁ！カーレースは、さすがすごい**スピード**ね！
速度はどれくらいかしら。
ふつうの道路だと**制限速度**を守らないといけないんだけど、カーレースは**速さ**が勝負だもんね。

ルナ！今、「速さ」「速度」「スピード」「制限速度」って言ったよね！

？？？

大切！ それぞれを「**和語**」「**漢語**」「**外来語**」、漢語を組み合わせた「**複合語**」というんだよ。

わたしたちの使っている日本語には、「漢語・和語・外来語」の三種類があるよ。

漢語…昔、中国から入ってきた言葉。音読みで読む言葉。 例 速度

和語…もとから日本にあった言葉。訓読みで読む言葉。 例 速さ

外来語…外国からきた言葉。カタカナで書くことが多い。 例 スピード

この三種類を二つ以上組み合わせることでできた言葉があるよ。「複合語」っていうんだ。たとえば、次のような組み合わせがあるよ。

- 「漢語＋漢語」… 例 制限速度「制限＋速度」
- 「和語＋和語」… 例 書き取る「書く＋取る」
- 「和語＋漢語」… 例 花火大会「花火＋大会」
- 「外来語＋漢語」… 例 コピー用紙「コピー＋用紙」

Let's TRY

練習問題

1 次の――線のカタカナにあてはまる漢字を下の二つの□から一つずつ選び、組み合わせた漢字を書きましょう。

(1) 赤ちゃんのタン生。

(2) 満チョウの時間。

(3) 横とタテの長さ。

(4) ワスれ物を届（とど）ける。

(5) ヒ密（みつ）がばれる。

禾　言　糸
心　氵

必　延　朝
従　亡

ルナ、漢字は、左右に分けられるものや、上下に分けられるものがあるんだよ。

そうだね！「忘」は上下で分けられて、「秘」は左右で分けられるのね。

ちなみに、「亡」は「なくなる」という意味があるよ。「心がなくなる」と書いて「忘れる」。覚えやすいね。

漢字の部分の意味を覚えることで、わかりやすく覚えられる漢字もあるよ。

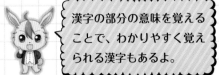

2 形の似た漢字①

形の似た漢字を覚えよう。

形が似ている漢字のちがいを理解して、読み方や使い方を学習しよう！

レモン、似ている漢字っていろいろあるけど、今日はどれを覚えるのかな。

今日はこういう漢字を学習しましょ！

「延と誕」「比と批」
「必と秘」「従と縦」
「朝と潮」「亡と忘」

ルナの誕生日(たんじょうび)はいつ？

大会の開会式が延期(えんき)になった。そのことを批判(ひはん)する声があがった。

先生の指示に従(したが)って縦(たて)一列に並(なら)んだ。

あれ？もともとある漢字に「へん」を組み合わせたらできる漢字？ん？「忘」はちがうのかな？

そうだね、ルナ！「忘」は「亡」も「心」ももともとある漢字だけど、漢字の下の部分の「心」が部首なの。漢字の下の部分を「あし」というよ。

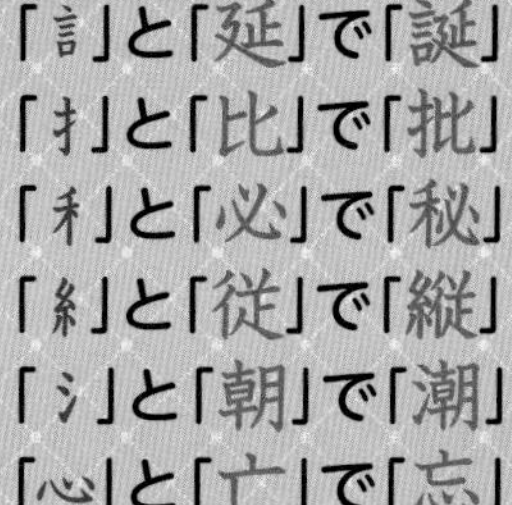

忘(わす)れ物をしないようにね。

「訁」と「延」で「誕」
「扌」と「比」で「批」
「禾」と「必」で「秘」
「糸」と「従」で「縦」
「氵」と「朝」で「潮」
「心」と「亡」で「忘」

朝から潮(しお)ひがりへ行ってきたよ。

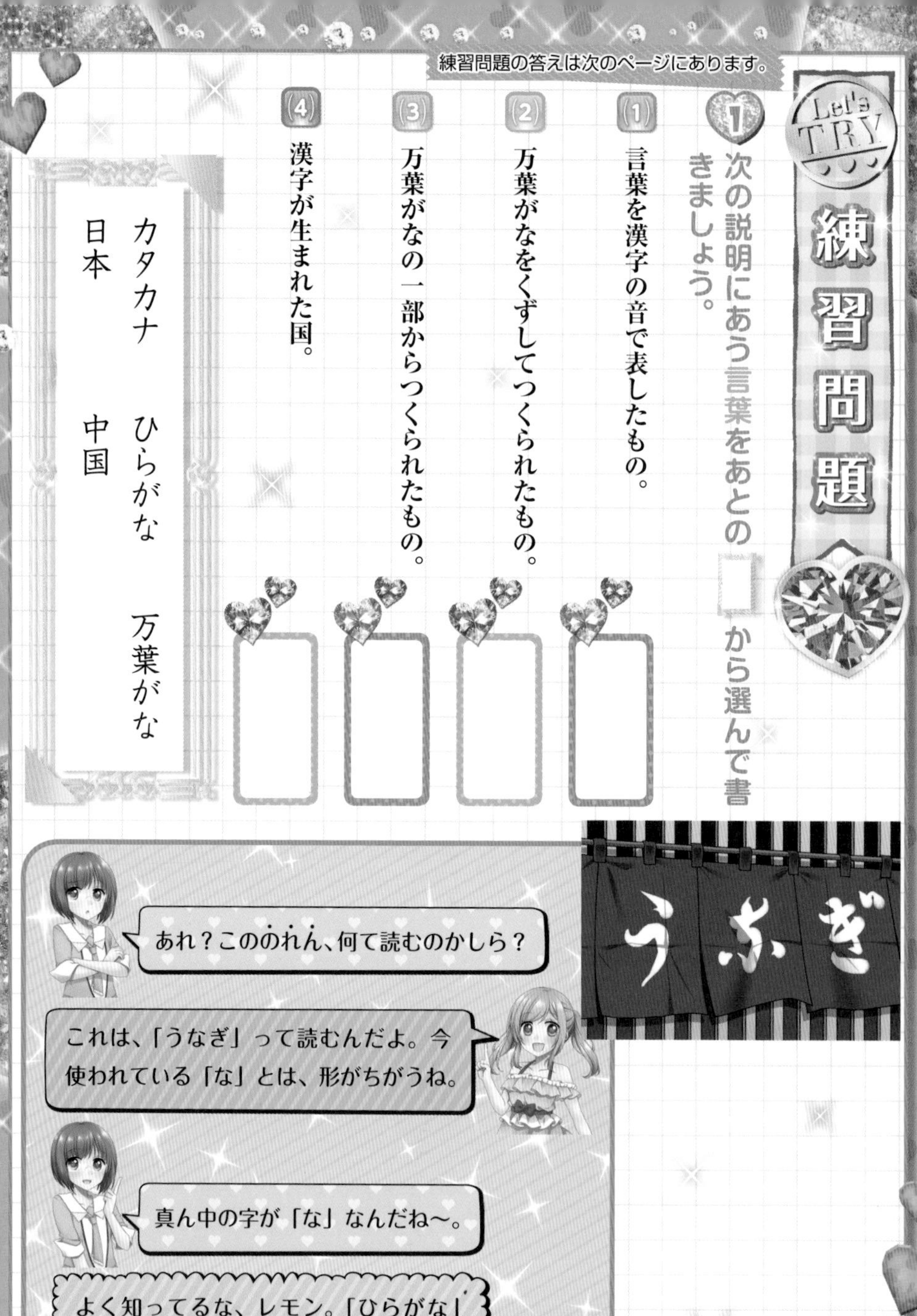

練習問題の答えは次のページにあります。

Let's TRY 練習問題

1 次の説明にあう言葉をあとの□から選んで書きましょう。

(1) 言葉を漢字の音で表したもの。

(2) 万葉がなをくずしてつくられたもの。

(3) 万葉がなの一部からつくられたもの。

(4) 漢字が生まれた国。

カタカナ　ひらがな　万葉がな
日本　中国

あれ？このの れん、何て読むのかしら？

これは、「うなぎ」って読むんだよ。今使われている「な」とは、形がちがうね。

真ん中の字が「な」なんだね〜。

よく知ってるな、レモン。「ひらがな」も「カタカナ」も、初めは一つの音について、いくつもの形があったんだ。今は一つの書き方に統一されているんだ。

1 ひらがな・カタカナの成り立ち

ひらがな・カタカナの成り立ちを知ろう。

日本語の文字の**成り立ち**と、日本語のわかりやすい**表現**を学習しよう！

レモン、メールを送ったよ。読んでみて！

れもんへ　きょう、がっこうがおわったらあそびにきてね！
ぷりんをつくったから、いっしょにたべようね。　るなより

ルナ、なんで全部ひらがななの？読みにくいよ。日本語はふつう、漢字、ひらがな、カタカナを使うでしょ？

ごめんなさい…。漢字に変かんするのがめんどくさくて…。もう一度送るね。

レモンへ　今日、学校が終わったら遊びに来てね！
プリンをつくったから、いっしょに食べようね。　ルナより

漢字が入って、まとまりで読みやすくなったね。プリン、楽しみだな～！

〈日本の文字〉

中国で漢字が生まれる（今から三千年以上前）

日本に漢字が伝わる（おそくとも千六百年前）

日本には文字がなかったので、日本の言葉を、漢字の音で表したんだよ。（万葉がな）

例 万葉がなで夏は「奈都」と書くんだ。「奈都」は音で「なつ」を表すだけで、夏という意味を表してはいないよ。

「かな」が作られる（平安時代）

「かな」は音を表すだけで意味を持たない。
「かな」には「ひらがな」と「カタカナ」がある。

ひらがな…「万葉がな」をくずしてつくられた。

例 安→あ

カタカナ…「万葉がな」の一部を取り出してつくられた。

例 加→カ

5
時間目
国語
Japanese

小学国語の
総仕上げ、
スタート！！

チェックテストの答えと解説

これで小学生の
学習はおわり！
あとひと息だね～！

英語

1 (1) pencil (2) guitar (3) bicycle

2 (1) four (2) eight (3) two

3 (1) science (2) nurse

(3) hospital (4) umbrella

4 (1) I usually wash the dishes.

(2) I play the violin.

おつかれさま。
がんばるきみは
キラキラしているぜ。

解説

4 (1) I usually ～.「わたしはふだん～します。」

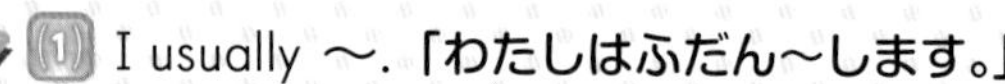

(2) I play the ～.「わたしは～を演奏(えんそう)します。」

算数

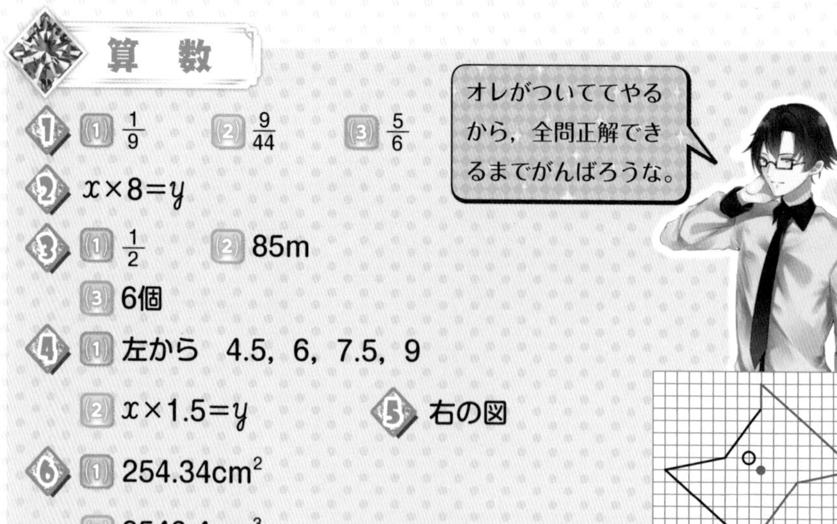

オレがついててやる
から，全問正解でき
るまでがんばろうな。

1 (1) $\frac{1}{9}$ (2) $\frac{9}{44}$ (3) $\frac{5}{6}$

2 $x \times 8 = y$

3 (1) $\frac{1}{2}$ (2) 85m

(3) 6個

4 (1) 左から　4.5，6，7.5，9

(2) $x \times 1.5 = y$

5 右の図

6 (1) 254.34cm^2

(2) 2543.4cm^3

解説

6 (2) 円柱の体積は，底面積×高さだから，254.34×10=2543.4(cm^3)

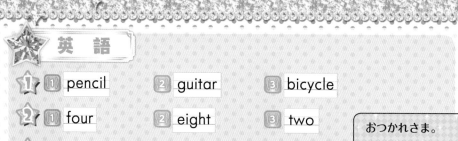

理科

1 (1) 気体A　二酸化炭素　気体B　酸素　(2) B

2 (1) A　胃　B　小腸　(2) 消化

3 ウ→イ→ア

4 (1) アルカリ性　(2) ウ

5 エ

すべてをやり終え
たきみは，オレに
はまぶしすぎる…。

解説

1 ろうそくを燃やすと，酸素が減って二酸化炭素が増えます。

3 植物→植物を食べる動物→動物を食べる動物の順に並べます。このような生き物のつながりを食物れんさといいます。

5 左右のうでのてこをかたむけるはたらきが同じになるとつり合います。

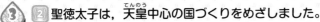

社会

1 国民主権，基本的人権の尊重，平和主義

2 裁判所

3 (1) 前方後円墳　(2) 聖徳太子　(3) 鎌倉幕府

4 (1) 金閣　(2) 豊臣秀吉　(3) 武家諸法度

5 (1) イ　(2) ウ

社会の知識がちゃんと
身についたかな？分か
らないことは，もう一
度教えてやるからな！

解説

3 (2) 聖徳太子は，天皇中心の国づくりをめざしました。

4 (2) 豊臣秀吉は，刀狩や検地を行いました。

5 (1) アは奈良時代，ウ・エは安土桃山時代です。

国語

1
(1) 誕生日・延期　(2) 従・縦　(3) 展覧
(4) 難問　(5) 宇宙・探検（探険）　(6) 映画館
(7) 異口同音　(8) 因果応報

2
(1) ウ＋イ　(2) イ＋イ
(3) ア＋ア　(4) ア＋イ

3
(1) 走ります　(2) 拝見します
(3) いただく　(4) いらっしゃいますか

いろいろな本を
読むのも楽しいよ！
ぜひチャレンジしてね！

解説

2 (3) 「聞き取る」は「聞く＋取る」に分けられます。

3 (1) ていねい語にするためには，「です・ます」をつけます。

★**編集協力** Editors
有限会社マイプラン

★**カバーデザイン** Cover Design
★**チェックシートデザイン** Checksheet Design
★**シールデザイン** Sticker Design
ムシカゴグラフィクス

★**本文デザイン** Editorial Design
株式会社エストール

★**イラスト制作** Illustration Production
株式会社サイドランチ

★**カバーイラスト** Cover Illustration
林檎ゆゆ

★**本文イラスト** Illustrations
【女性キャラクター】林檎ゆゆ
【男性キャラクター】ふむふむ

あおず、田嶋陸斗、ぐぴすけ、
姫乃漆、林檎ゆゆ、柳和孝、かんようこ
山田しぶ、武楽清

★**イラスト協力** Illustration Cooperation
日本アニメ・マンガ専門学校
つくばビジネスカレッジ専門学校

★**写真** Photos
アフロ

★**編集担当** Editor
藤明隆
野崎博和

本書の内容は、小社より2020年2月に刊行された「新学習指導要領対応版 キラキラ☆おうちスタディブック 小6（ISBN：978-4-8132-8793-3）」と同一です。

キラキラ☆おうちスタディブック 小6
新装版

2024年4月1日 新装版 第1刷発行

編 著 者 TAC出版編集部
発 行 者 多 田 敏 男
発 行 所 TAC株式会社 出版事業部
（TAC出版）

〒101-8383 東京都千代田区神田三崎町3-2-18
電話 03（5276）9492（営業）
FAX 03（5276）9674
https://shuppan.tac-school.co.jp

組 版 株式会社エストール
印 刷 株式会社 光邦
製 本 株式会社 常川製本

ISBN978-4-300-11103-1
N.D.C.376